改訂版！

沖縄出身の税理士が書いた

ズバリ！ 沖縄の人のための 相続・贈与

事例満載＆節税対策付

税理士 山内《やまうち》 﨓《ただし》

沖縄タイムス社

やっぱり相続税が大変だ！——はじめに

２０１１年９月に「沖縄の人のための相続・贈与」を出版して早十年以上の月日が経ちました。その時は税法が改正になり基礎控除が大幅に減少することにより、より相続税の負担が多くの人に降りかかってくることを「相続税が大変だ！」と申しあげました。

確かにこの間、沖縄の地価は高騰し続け不動産の相続税評価は上昇する一方です。しかしながら相続税の大変よりも、争族にならないためのもっと身近に相続税のしくみを理解してもらえたら、もっと早く相談してくれていたらと、残念な相続の形が圧倒的に多いのも事実です。

相続は単に税金だけを算出するだけではありません。その家族が抱える悩みやしがらみ、地域の慣習、戦争の歴史、何より税理士として沖縄の土地問題を解決していかねばなりません。本書では実務の中で痛感した沖縄の土地に関連する相続事情を、実例を元に検証しています。

また近頃特に気に病んでいることは、親の相続を介して兄弟姉妹が対立している様です。残された配偶者がその様子に悲しみ、蓄財したことを悔やんでいることもあります。相続税に携わる側としてとても心が痛みます。

実務に一つ一つ向き合っていくと、それぞれのケースで「この事例のように困っている方はきっと、他にもいるはずだ、力になれないだろうか」と思うこともしばしばです。

ここ十数年で相続の案件も複雑化し、相続人の考え方も多様化しました。円満円滑な相続を目指し今一度、相続・贈与について向き合い、「沖縄の人のために」これまでの実務で見えてきた問題点や対策方法などを再度執筆し、発信することにしました。

改訂版として前書の基本的な内容を踏まえつつも、この間の新たな実例を基に検証・解説しています。もちろん税理士として「守秘義務」をきちんと順守し万全の取り扱いをしていることは申すまでもありません。

この本を手に取って下さったあなたが残念な相続にならないように、また沖縄の人々に脈々と流れる「親族愛」が永続することを願ってこの本を出版します。

2023年　7月吉日

税理士　山内　竧

第1章を読む前に・・・

「相続争い」に巻き込まれないための正しい知識と心構え！

沖縄は、全国でも類をみない独特の文化と慣習を持っています。祖先崇拝は、沖縄独特の生活習慣の中に定着し、家族・親族を大切にする伝統文化は世界に誇れるものと思います。しかし、いまや世界に誇る伝統文化は、相続を起因とする「相続争い」の前では、無力となり、「みんなが不幸になる」相続のケースをあげると枚挙にいとまがありません。相続の実例を通し思うことは、「相続税の対策」よりも「相続争い」をいかに回避していくかが重要です。

また、相続・贈与に関する正しい知識を持ってないがために、莫大な相続税・贈与税をごっそり納税することになり、自分の持っている財産を失うケースも発生しています。相続にからんだ様々なトラブルに親族が巻き込まれてしまいます。その意味で、正しい知識がないと、相続税・贈与税は、非常に怖い税金と言えるでしょう。

それでは、実際におこった実例をもとに、相続税と贈与税の「相続トラブル」を見ていくことにしましょう。

相続・贈与を知らないままだと大変なことになる

納税資金がない
無駄な税金
相続しなければよかった
相続争い
マカチョーケー
贈与税はどれくらい払えばいいの？
相続税はどれくらい払えばいいの？
トートーメーは誰がみるの？
相続財産はいくらで評価するの？
相続人が行方不明になっているが？
遺言書はつくったほうがいいの？
先妻に子供がいるが？
不安で眠れない…
外国人が相続人になっているが？
誰に聞けばいいの？
家族信託ってなに？
「親族仲良く」が節税のポイント

実例①

相続人が多くてまとまらない!?

Yさんは糸満市で父親の土地を借りて事業を営んでいました。父親は遺言書を残さずに亡くなってしまいました。Yさんは他の兄弟が当然に、Yさんがそのまま父親の土地を相続することに賛成するだろうと思っていました。しかし父親の相続人は既に亡くなった兄弟の子（代襲相続人）を含め15名存在しており、なかなか遺産分割はまとまらず、他の兄弟からは平等に遺産を分割するよう求められました。遺産のほとんどはYさんの事業に使用している土地でしたので、Yさんは仕方なくまとまった資金を用意し、他の兄弟には現金で分けることにしました。これを代償分割といいます。さらに面倒なことに、その内の一人が行方不明者になっているため父親の預金を引き出ししようとしても、相続人全員の署名押印が揃わないために預金が凍結され引き出しできません。行方不明者のために家庭裁判所を通して不在者財産管理人の手続を行い、やっと相続手続が出来るようになりました。

相続人が多くなると、各々の年齢や置かれている経済的環境も異なることから、話し合いをしてまとめるには難しい面があります。さらに人数が多くなるとなおさら厳しいのです。Yさんは父親の生前に、事業に要している土地も含めて音信不通の兄弟のことも網羅した遺言書を書いてもらうべきだったと後悔しました。

実例②
本家は誰が守る?

那覇市首里在住のKさんの父親はK家の長男でした。Kさんが学生の時に亡くなりました。そしてK家の祖父が亡くなりました。祖父と同居していたKさんは先祖代々からの仏壇と財産を守ってきた祖父が亡くなり、本来父親が継ぐはずだった仏壇と財産は、今度は長男としてKさんが守っていかないといけないと考えていました。しかし祖父の相続が発生すると父親の兄弟達がやってきて、祖父の財産をめぐって争いがおきてしまいました。他の兄弟は祖父名義の本家を長男の子であるKさんが継ぐことにして、それ以外の財産はすべて他の兄弟で分けるというのです。Kさんは他の兄弟(叔父叔母)に話合いを試みましたがうまくいきません。あげくの果てに本家も含めて相続人全員で分けようと言ってきました。

これまで、盆や正月といった、親族が集まる行事にはKさんの母親は長男宅としてもてなしをしてきましたが、本家で相続人同士が和やかに集まることもなくなり、祖父の相続をめぐって一族が争っています。

実例③

遺言書強要疑惑！

恩納村在住のAさんは父親から相談されて、父親の公正証書遺言を作成するお手伝いをしました。Aさん達兄弟は仲が良かったので、特段、遺言書の内容は気にしていませんでした。父親が亡くなり相続が発生したので、公正証書遺言の中身が明らかになりました。すると他の兄弟から、「Aさんに有利なように書かせたのだろう！」と言われ、兄弟で争いになってしまいました。

他の兄弟は内容を不服として、遺留分減殺請求を求めています。

このような争いを避けるためにも、父親は生前からお盆や正月など一族が会する場を利用して、自らの意志として遺言書に書かれた内容を相続人に話しておくべきだったでしょう。

実例④

先妻の子は不利に？

Hさんの父親はHさんが幼少の頃に離婚し、その後再婚して二人の子をもうけました。Hさんの父親が亡くなり相続が開始すると、後妻と異母兄弟二人から「遺産分割について書類を作成したので、印鑑を押して欲しい」と言われました。

中身を確認すると、Hさんの父親の預金が全くありません。Hさんは父親が北谷町に不動産をいくつか所有して賃貸収入があることを知っていたので聞いてみると、すでに数年前から少しずつ妻や異母兄弟達へ贈与を行っていたようです。

Hさんは父親と同居でなかったために、そのような事実は全く知りませんでした（59ページ参照）。相続では発生した日以前3年以内の贈与は相続財産に加算することになっています。その贈与によりHさんの相続分までも贈与されたとすると、Hさんは遺留分減殺請求の申立てを行うことができます。今、Hさんはそれを行うかどうか検討中です。

実例⑤ 突然の知らせ「あなたが相続人です！」

Mさんの母はMさんが幼少の頃に離婚しその後再婚。

Mさんと別々に暮らし、会ったこともなく、母方の親戚とは離婚後全く親交がありませんでした。再婚相手との子は存在しませんでした。母親よりも先に再婚相手も死亡していたため、相続人は何十年も音信不通だったMさんだけでした。そんなMさんの元へ「母親が亡くなったので、その死亡保険金及び財産を放棄しろ」と母親の兄弟が言ってきました。Mさんは独身で子供もいなかったので、Mさんが相続放棄すると相続人は母親の兄弟しかいません。(母親の父母も他界)それからは財産の内訳や総額などひとつひとつ確認するうえで、母親の兄弟と争いになりました。

何度も話し合った結果、すべてMさんが相続したうえで、母親のこれからの供養する方法も含めて、母親の兄弟にいくらかを贈与することにしました。そこへこぎ付けるまで数カ月もかかってしまい、その間に生命保険金や預金など一切のお金を使う事が出来ず、母親の葬式や法事費用も伯父叔母が立替えたりしていました。何年も親交がなかった親族がいがみ合うという苦い相続になりました。

実例⑥

知らなかった父の借金、再婚後の借金は誰のもの?!

浦添市在住の事業家Gさんが突然亡くなりました。Gさんには離婚した妻との間に子が2名、その後再婚して2名の子がいます。先妻との子とは交流が数年間ありませんでした。Gさんは離婚前から事業を営んでいましたが、その事業の実情は先妻の子らには、全く知らされていませんでした。突然の訃報に驚く相続人達でした。相続税がかかるほどの財産があるのか？それとも借金がたくさんあるのではないか？分からないだけに不安がつのり、後妻と先妻の子との間でうまく話がまとまらず時間だけが経過していきました。調べてみると法人名義や個人名義でかなりの負債があることが判明しました。しかも個人名義の不動産を抵当に入れていました。これでは相続人も遺産を相続すると借金までついてくるのでは？それとも負債がなくなると遺産もないのでは？と考え余計に遺産分割の話はまとまりません。3カ月がとっくに経過しており相続放棄する手立てもありません。

相続税の申告期限が間近になっても遺産総額が把握できず、ひとまず遺産は全員共有のものとして（未分割）申告し、相続税の延納申請をすることになりました。先妻の子の立場からすると、父が離婚した後にたくさんの負債を抱え、遺産もすべて抵当権付になってしまい、もしかしたら借金だけが残り相続させられるのか？という不安で夜も眠れないというのが本音でしょう。

実例⑦

息子と娘、どちらが先祖の位牌と財産を継ぐか？

名護市のKさんはK家の長男で他に兄弟はいませんでしたが両親が離婚して、父が再婚し、再婚相手との間に娘が生まれました。父親は生前にKさんに対して「K家の長男なんだから、財産はすべて仏壇を継ぐ長男へ相続させる」と言っていました。そして父親が突然亡くなりました。遺言書もありません。後妻も既に亡くなっておりましたので相続人はKさんと娘の2名だけです。Kさんは後妻の娘に父親の生前の言葉を説明して同意を求めましたが、娘は平等な相続を主張しており納得してくれません。名護市も同様に沖縄は祖先崇拝で、お盆や清明祭など仏壇を軸として行われる行事も多くKさんはトートーメー（位牌）を守っていくのは長男と言われ続けてきたが・・・と、どうも腑におちません。父親の生前に公正証書遺言や生前贈与などもっと税理士に相談しておくべきだったと後悔しています。

実例⑧

先祖のトートーメー（位牌）と財産は長男と二男のどちらに？

Hさんは6名兄弟の長男です。父親も長男だったので先祖からの財産を相続してきました。父親が亡くなり相続が発生しました。Hさんの母親は、「長男にすべて相続させるよ」と他の兄弟に伝えました。母親は生前から先祖の財産には一切手をつけず、自ら増やした財産を折につけ、Hさん以外の子達（兄弟）に援助してきました。しかし、他の兄弟は長男だから財産をすべて相続するのはおかしい、平等に分けるべきだと主張してきました。しかも、戸籍には記載されていないが、乳児の時に亡くなった男の子がいるので、本当の長男ではないといい、特に二男と争っています。沖縄の風習で、親の財産は長男で、先祖の財産は二男が相続するという地域も見受けられます。

日頃から財産分けの話をタブーにせず、親の思いや教訓も含めて正式な遺言書に残しておくことが望ましい相続の姿だと思います。

実例⑨

子は自立不可能な状態、高齢者の母が認知症になると……

Tさんは80代後半の女性です。若い頃から事業家でバリバリ仕事をこなしてきました。しかし、骨折を機に半ば寝たきりになってしまいました。Tさんには一人娘がいますが、障害があるため施設にいます。Tさんは不動産収入で娘と自分の生活費をまかなっており、「自分が死んだら、どうなってしまうのか？」と知人を通して今後の相談をされてきました。仮にTさんが亡くなると、相続人は娘一人だけです。しかし、娘は法律行為が出来る状態ではありません。そこで万一の場合に相続税がどれくらいになるのか、又、負債はどれくらい、どのような種類があるのかなどを調査して、「公正証書遺言」を書きました。これだけでは不十分なので「家族信託」制度をTさんと娘にそれぞれ必要だと説明しましたが、残念ながら理解は得られませんでした。しかしその後、Tさんは親族からの要望で、万一の場合Tさんの娘の扶養をしなければならない事などを理由に、公正証書遺言を取消しました。話合いが難航するなかTさんが認知症になってしまいました。Tさんと娘さんいずれも成年後見人さえもつけていませんので、負債の残った不動産の処分等、本当に万一の場合は手続や法律行為がスムーズに行えず面倒なことになります。

実例⑩

過去の援助が相続財産に?!

Aさんは四人兄妹です。父親が亡くなってからA家の長男として取り仕切ってきました。高齢の母親は長男であるAさんと二男にすべて任せていました。母親は自分が亡くなって後の事を生前から考えており、先祖からの財産は兄弟が相続して、預金は姉妹が相続するものと言っていました。そのつもりで生前から姉妹に金銭的援助を行ってきました。遺言書はありませんでした。

その後、母親が亡くなって相続が発生しました。母親の言ったとおりに相続手続をしようとしたところ、姉妹たちから異議がでました。不動産も預金もすべて平等に分割して相続しようというのです。何度も兄弟全員で話合いをもちましたが、身内で話合うので感情も入り、なかなかうまくまとまりません。

そこでこれまでに受領した援助の金額と、先祖からの財産を評価して客観的に判断することになりました。

長い時間の経過で、援助の具体的な記憶は曖昧な部分も多いことに加え、これまでの資料は収集不可能なことも多々あり、当時の時価を現在に換算するなど、その作業は難航しています。

実例⑪

夫が借金を残して突然死！

宜野湾市在住のMさんは実業家の夫と子供二人の４人家族でした。夫の事業は順調にいっているんだろうと、思い込んでいました。子供がそれぞれ独立して、ようやく夫婦で老後のことを考えようかと、思っていたその矢先、夫が突然亡くなりました。

貯金もありましたが、驚いたのは借金がかなりあると、会社の方から聞かされたことでした。夫名義のものもあれば、他の会社の連帯保証人として債務があるというのです。それまで夫の事業にはまったく無縁でしたので、夫が複数の会社を経営していたことも分かりませんでした。Mさんはとても驚き、随分悩みましたが、思い切って税理士に相談することにしました。

債務が確定したものだとしたら、かなりの金額になり、延滞金もかなりの金額になっていると思われました。他に債務が存在しないのか、調査しようとしましたが、Mさんの夫の相続開始から3カ月目が目前でした。３カ月を過ぎると「単純承認」となり債権債務をすべて相続することになります。放棄したほうが良いのか、判断がつきません。３カ月目の一日前に、家庭裁判所へ「家事審判申立書・相続の承認または放棄の期間伸長」を提出し、後日期間伸長が認められました。現在、税理士と一緒に調査を進めながら、債権者との交渉に取組んでいます。

Mさんも「一人ではとても出来なかった、専門家にきちんと頼んでこれで安心」と言って喜んでいます。

もしも、債権債務が分からず全部相続していたら、財産以上の借金を背負ってしまったかもしれません。

実例⑫ 会ったこともない外国人が相続人!?

沖縄県中部に住むSさんの兄が独身のまま亡くなりました。子供も居ませんでした。妹であるSさんは、兄の近所に嫁いでいたので日頃から、兄の身の回りの世話をしていました。既にSさん達の親は亡くなっていたので、兄の住宅にはSさん達の親の位牌があります。Sさんは兄のために、親の位牌と一緒に兄の位牌をこの家で供養していってあげようと決めました。

Sさんが兄の住宅の名義を変えようとしたところ、思わぬ事が判明しました。Sさん達兄弟の他に、外国にSさん達の姉が存在していたというのです。Sさんの母親は再婚して、Sさん達兄弟をもうけましたが、最初の結婚で生まれた姉が外国にいました。ところが、その姉は何十年も前に亡くなっていました。不動産の名義を兄から書き換えるためには、外国にいる姉の署名がいるのです。しかし、亡くなっていると、その子供が代襲相続人となります。外国に存在した姉の子にSさんは会ったこともありません。

このまま、兄の名義のままで放置することも考えましたが、これから先Sさんは自分が亡くなった時のことも考え、相続による名義変更の手続を進めることにしたのです。ここからが試練でした。代理人を通じて外国にいる代襲相続人となる姉の子と連絡をとり、事情を説明したところ、相続分を現金で欲しいと要求してきました。兄の財産は住宅だけで、そこに兄と親の仏壇をおいて供養するのだと説明しても、理解してもらえません。交渉は混迷を深めています。

兄は絶対に遺言書を残しておくべきでした。

外国に相続人や代襲相続人がいる場合、戸籍法がない国では血族の証明が難しく、出生証明などがなければ相続人をたどることが困難です。仮に血族の証明が出来ても文化や慣習の違いから、意見や考えの相違が生じることもあるようです。改めて遺言書の重要性を認識しました。

実例⑬ 再婚した祖父の財産が再婚相手の子供のものになった！（相続財産が姻族へ）

Bさん（男）の祖母は若い頃に亡くなり祖父はその後、再婚しました。再婚相手も再婚ということで互いに実の子供はいるけれど、成人になっていることもあり再婚を決意しました。

再婚後は幸せに暮らしていましたが、祖父は先祖代々からの財産を所有していることもあり、Bさん家族は財産が祖父の再婚相手に相続されるのか気になっていました。祖父は実の子供は娘一人だったために、どうしても財産は男に継いで欲しいと思っていたようです。そこでBさん家族はBさんを祖父の養子にして、将来祖父と先祖の位牌と共に財産を承継するつもりでいました。祖父も快く養子縁組に応じてくれました。

やがて祖父が亡くなりました。Bさん家族が驚いたことに祖父は再婚相手の子供（男）を養子に迎え公正証書遺言で「財産はすべて再婚相手の子である養子に相続させる」と書いてあったのです。

仰天したBさんは再婚相手と養子にすぐに話し合いをしましたが、頑なに公正証書遺言とおりに相続するといって、Bさん家族の希望を聞き入れてくれませんでした。

祖父の相続人は養子2名と祖父の実子であるBさんのお母さんの3人ですが、BさんとBさんのお母さんは、養子に対して遺留分の請求をすることしか出来ません。

祖父の位牌だけがBさん家族の元にきました。位牌を前にしてBさん家族は何だかやりきれない気持ちでいっぱいです。

「もっと祖父とコミュニケーションをとって、気持ちを汲んであげていれば……」と後悔するBさん家族でした。

公正証書遺言を書いても、その後に正しい遺言書を書いていればその最後に書いた遺言書が有効です。Bさんは祖父とよく話し合って先祖の財産含めどのように承継するかを決めておくべきでした。祖父が他人を養子に実際にすることはないと思い込んでいたことが、最悪の結果を招いてしまいました。

実例⑭ 信託で解決! 浪費癖がある母の財産を守れ!

「父親が亡くなり、相続税の件もあったし、生活のために母親一人で相続したはずなのに、母親は生活費を脅かすほど金銭を浪費して困っている」と相談に来た息子Bさんは困った様子でそう話しました。

父から母へ相続した財産は収益性があるため、母の生活費は本来心配しなくても大丈夫そうでした。しかし賃料は毎月でなく年払いで入金されるため、気持ちが高揚して気が緩むのか計画性なく使ってしまいます。今後、年をとるごとに母の能力等が低くなることや、詐欺被害に合わないかなど、家族は何かしら対策しなければならなくなりました。

「家族信託」をすることにしました。

母の相続した収益不動産を信託により委託者を母とし、管理・運用・処分する受託者を息子Bさん、そして賃料を受け取る受益者を母として契約し、登記しました。この信託により収益不動産の所有者は受託者であるBさんになります。所有権がBさんになるので賃料もBさんに支払われますが、受益権は母にありますので受託者Bさんは母に受取った賃料を渡します。その際、予め契約内容で賃料を毎月払いとするとすれば良いのです。

他には「毎月定額　金○○万円」や「毎月○万円を受託者に渡し残りは積み立てる」と契約内容を委託者と受託者で自由に決めることができます。

初めて聞く信託の内容にBさんは半信半疑でしたが、実際に他で登記された信託の登記簿などを見せて説明すると、ようやく理解されたようで「これなら母の生活費も毎月決まって渡せるし、母が騙されて処分することも出来なくて安心だ」と喜んでいました。

さて、実際に信託するには当事者である母の理解が必要です。Bさんからあらかじめ目的を話していただき、当社へお連れしていただきました。

難しい言葉は出来るだけ使わず、イラストを用いた図で信託のしくみを説明すると、意外にもすんなりと理解してくれました。「息子さんが管理して、毎月、お母さんに不動産賃料をお渡ししますが、それで宜しいでしょうか?」と確認のためお尋ねすると、

「そんなことが出来るならそれがいいわ。私もいつまでも元気かどうか、自信ないからねぇ。

ボケても安心だね」と笑っています。

高齢になり家族に迷惑をかけないか内心は自分でも心配していたのでしょう。

もっと賃料に固執するかと構えていたBさんでしたが、すんなり理解してくださったことに拍子抜けしたようでした。

使い勝手の良い「信託」とはいえ、知識が必要ですので専門家に相談してから行うことが大切です。

仲睦まじく帰るBさん親子を見送りながら、これまで遺言書では不備だったことが信託で可能になって嬉しさが込み上げてきました。

実例⑮

相次いだ相続で混乱（相続人と代襲相続人の順番がカギ）

Aさんは母の相続の件で相談に来ました。相続の聞き取りをしながらAさんがボソッとつぶやいたことで、相続の様相は変わってきました。

Aさんは母を亡くしたばかりですが、遡ること数か月前に母方の祖父も亡くなっていました。

Aさんは「財産も相続しないのに相続手続もしなければならなくて忙しい」と漏らしたのです。

そこでじっくりお話を時系列に聞き取りAさん親子が相続人であることを説明しました。

こうしてAさんは二つの相続を進めることになりました。

そこでまずは祖父の相続財産を把握してから祖父の遺産分割協議に臨むことをすすめました。事の重大さと慣れない相続手続きの複雑さにAさんはたじろいでしまいました。

Aさんの心境を察知した私は母の相続に関わる案件なので、当社で一貫してお手伝いすることにしました。

祖父の相続申告を行う税理士と資料開示を求めやり取りしたり、開示された財産評価の再評価を行い検証したりして、AさんとAさんの父は代襲相続人として法定相続分はいくらになるのかをお伝えしました。Aさん親子は驚いた様子でした。

数か月にわたり交渉の末、Aさんとお父さんは祖父の財産を法定分相続することが出来ました。そして祖父から相続した財産を含め、母の相続税申告が無事に終了しました。

後日、Aさんとお父さんは感謝の言葉を次のように述べられて帰っていきました。

「相続税申告は税金計算だからどこの税理士でも同じと思っていたけれど、やはり相続に強い税理士のほうが私達のような素人には心強かった。何より親身になって一緒に考えて交渉してくださる専門家はありがたかった。出会っていなければ今頃悲惨な相続になっていたと思います。ありがとうございました」

嬉しそうなAさんとお父さんの姿にこちらまで胸が熱くなりました。

実例⑯

報われない嫁の苦労と相続

大所帯に嫁いだMさんは結婚10年目に夫を亡くしました。嫁ぎ先は老舗の問屋を営んでいましたので、Mさんは結婚間もない頃から嫁ぎ先の問屋を切り盛りして家業に専念してきました。長男と結婚したので子宝に恵まれないことが気になりつつも、同居していてまだ高齢でも元気な夫の父親の介護もあり忙しい日々を過ごしてきました。

ところが夫の父が亡くなったことで、状況は一変しました。

夫の父は先祖代々からの土地がかなりありましたが、近年の急激な宅地開発で郊外にあるその土地も度々、売却や収用にかかり預金が数億円あったのです。高齢だった父が使うこともなくそのまま預金に残されたままでした。

嫁であるMさんは夫の父からすると相続人ではないため、遺産を分割するための協議の場に参加することもできません。まして遺言書もありません。

数億円の預金は相続人で分割され、大きな本家にはひっそりとMさんと仏壇だけが寂しく残りました。

夫亡き後に夫の父を献身的に介護した嫁の苦労は全く報われませんでした。この不条理な出来事を回避するためには、父が健在なうちに嫁にも遺産を分ける（遺贈）遺言書を書くことや、養子縁組することもできたでしょう。

最近では「家族信託」の制度を利用して、父が健在なうちは収益は父が得て、父が亡くなったら嫁が得て、嫁が亡くなったら仏壇を継承する人が収益を得る、というような遺言書では実現出来なかったことも可能になりました。

当時には信託法がまだ改正されていなかったために、「家族信託」が出来ませんでした。

子供のいない夫婦や相続人がいない人は、予め遺産をどうすれば良いのか、元気なうちに専門家に相談すべきでしょう。

実例⑰
元夫が相続人になった!?（養子縁組解消は困難極まる）

ある日、相続無料相談に慌てた様子のKさんから電話が入りました。相談内容を聞くと慌てた理由が分かりました。

数十年も前に叔父とKさん夫婦は養子縁組をしていました。数十年経ちすっかり忘れていた頃に叔父が亡くなりました。ところが問題なのはそこからです。Kさんは10年前に離婚していました。元夫も養子なので叔父の相続人になってしまったのです。

慌てたKさんは元夫に「養子を解消してくれ」とお願いしましたが、叔父が亡くなっているのでそれも出来ません。そこで「相続放棄してくれ」とお願いしても応じてくれず法定相続分を主張しています。

相続税の対策になるからとの安易な考えで養子縁組をすると、養子縁組解消は簡単には出来ないことに留意しておくべきでしょう。当事者双方の同意がなければ養子縁組解消は成立しないからです。一方的に養子縁組解消をしようと思っても出来ないのです。

伯父さんが遺言書でKさんへすべて相続させると書いておけば、元夫は相続人として遺留分の請求する権利が残り、法定相続分よりは少ないことになります。しかし元夫が叔父さんの相続人であることに変わりはありません。

Kさんはもはや元夫に丁寧にお願いするしか手立てがありませんでした。

実例⑱

税理士によってもこんなにも変わるものなのか!?

広大な敷地を事業に供していたHさんは長年の闘病の末亡くなりました。晩年は事業をすることもままならず、廃業するしかありませんでした。従って事業用地は荒れ果てたままの姿で数年経過していました。

　相続税の相談のためにHさん遺族がやってきました。面談最初からHさん遺族は浮かない表情です。その理由を尋ねると「実は他の税理士にも相談にいきました。莫大な相続税がかかると、相続税評価額もおおまかに教えてもらいました。とてもそんなに支払えません。それに事業していた土地は特殊な土地でなかなか売却出来ないところです。」

　売れない事業用地を抱え莫大な相続税の負担と聞かされ、不安は募るばかりです。

　事業用地と言っても元は畑や耕作地だったところです。改めて相続財産を評価して下げていく術を相続人に説明し、今後の納税のためにどうすればいいのかアドバイスをしました。予想していた相続税評価額を大きく下回ったので、Hさん遺族は驚いた様子で目を丸くしています。みるみる安堵の表情になってきました。

「業界に精通している税理士で、こんなにも変わるものなのか」Hさん遺族は思わず心の声を呟いてしまいました。

実例⑲

お祖父さんの口約束は遺言か!?

浦添在住のAさんは長男家に生まれた長男で、いわゆる本家であるA家を継いでいく人です。父親も長男として育ったのでAさんも何ら疑問に思わずにいました。祖父が生前から「ここと あそこの土地は長男家に、あそこの土地は次男家に……」と常々言っていたのを、祖母も家族も理解しているつもりでした。

やがて祖父が亡くなりました。祖母が家庭菜園のように畑を耕していたので、家族はとりあえず財産をすべて祖母名義で相続させようとすんなり決まりました。

数十年が過ぎ浦添の町も市街化が一段と進み近隣にはショッピングモールも建ち、だいぶ様変わりしました。その間にAさんのお父さんは亡くなってしまいました。そして次に祖母が亡くなり相続財産の話になりました。長男家が祖父の言い残した土地を相続するものだと思っていた代襲相続人Aさんは、相続人である叔父叔母の話に仰天してしまいました。

「長男家は仏壇もあるし、ここの本家だけの土地建物で十分でしょう。残りは他の相続人で話し合って決めるから」とAさんに対して叔父叔母は言い渡します。Aさんは祖父が言い残していた事は一体何だったのか?本家と言ってもAさんの実家というだけで、Aさんにとって利用するにも難しい土地です。

Aさんはトートーメーに向かいながら遺言書にしなかった祖父を少し恨めしく思いました。

実例⑳

夫もビックリ！知らぬ間に信託されていた

那覇市在住のSさんは高齢の夫と娘4名がいました。Sさんは親からアパート2棟と収益物件を相続していたので、生活費に不安はなく過ごしています。けれどアパートが老朽化してきたために頻繁に修繕が発生したり、入居者が入れ替わったりするため、管理会社との手続きも高齢になったSさんでは難しくなっていました。夫も介護が必要な状態になりデイサービスに日中は通い始めSさんはだんだんと娘を頼ることが多くなっていたようです。

4名の娘たちは近所に住んでおり、親の面倒を分担して行い、はた目には家族連携して上手くいっているようにみえました。

そんななか意外にもSさんが認知症になり、あれよあれよという間に施設入所になりました。そして更に驚いたのはアパートや他の財産が信託されていたことです。夫は信託という言葉さえ聞いたことがなく、一体何のことかサッパリ分からないと言います。しかし娘4名の中の一人が受託者となって母と信託契約をして登記していたのです。更に驚くことにこの信託は夫や他の娘にとって不平等なものでした。

信託契約の内容をめぐってSさんに問いただそうとしても、Sさんは既に認知症のため意思能力を欠き契約内容を変更できません。まして受託者は自分の都合よく信託契約を締結したために一向に協力しようとしません。

Sさんが本当に信託契約の中身を理解していたのか疑問でした。

家族円満に介護や不動産管理をしてきたつもりだった家族は、行き場のない怒りと悲しみを胸に途方に暮れています。

このように、相続をめぐってはいろいろなトラブルが起こっています。

相続人（親族）みんなが納得いくまで話し合い、正しい知識をもって事前の準備を怠らないように、相続に臨んでほしいと思います。第一章で沖縄の相続・贈与の事例を含めて詳しく説明します。

沖縄の人のための相続・贈与 目次

第2章　相続（税）・贈与（税）を正しく理解しよう！

第4章　相続財産・贈与財産はいくらで評価されるの？

第5章　トラブルをおこさない遺言書の書き方

第6章　相続・贈与の発生から、諸手続き方法を知っておこう

第7章　これで安くなる！　相続・贈与の節税対策から事業承継まで

第8章　実務で難解な土地評価の現状「解決策を検証」する

第1章

沖縄の相続・贈与の事例

● 沖縄には、さまざまな相続の形や土地問題があります。全国でも稀な沖縄の特殊性を事例で解りやすく説明します。

事例①

家督相続人からの財産移転

家督相続における「財産の留保」とは？

●家督相続とは？

旧民法（明治民法）による相続（家督相続）とは、昭和22年5月2日までに開始した相続です。昭和22年5月3日、日本国憲法（新憲法）の施行に伴い、家督相続制度は廃止されました。

家督相続とは、旧民法における戸主の死亡又は隠居等により開始した相続のことをいいます。すなわち、家督相続には、被相続人（戸主）の死亡による「死亡相続」と、被相続人の隠居等による「生前相続」があるのです。

家督相続は、戸主たる身分関係の相続であるので、前戸主に属する一切の権利義務（ただし、前戸主の一身に属するものは除く）を包括的に承継することになります。また、戸主の身分関係の承継という関係から、系譜、祭具及び墳墓の所有権は、家督相続人の特権に属するものとされています。しかし、死亡以外の家督相続の開始、いわゆる、隠居等については、確定日付のある証書をもって「財産を留保」し、相続財産から除外することができるとされています。

①死亡相続 ― 戸主の死亡による相続

前戸主の一切の権利義務を包括的に継承する

②生前相続 ― 隠居等による相続

相続財産の確定日付のある証書をもって財産を保留し、
相続財産から除外することができる

[登記簿謄本（所有権移転原因：家督相続）]

表題部（土地の表示）	調製	平成13年11月7日	不動産番号 [redacted]
地図番号 D24−2	筆界特定	余白	
所在 中頭郡中城村字[redacted]			余白
①地番	②地目	③地積 町 反 畝 歩(坪)	原因及びその日付〔登記の日付〕
[redacted]	山林	㊐ 111：	余白
余白	余白	423：	③錯誤 国土調査による成果 〔昭和48年11月20日〕
余白	余白	余白	昭和63年法務省令第37号附則第2条第2項の規定により移記 平成13年11月7日

権利部（甲区）（所有権に関する事項）			
順位番号	登記の目的	受付年月日・受付番号	権利者その他の事項
1	所有権移転	昭和34年5月27日 第[redacted]号	原因 昭和27年2月21日家督相続 所有者 [redacted] 順位1番の登記を移記
	余白	余白	昭和63年法務省令第37号附則第2条第2項の規定により移記 平成13年11月7日
2	所有権移転	平成[redacted]年[redacted]月[redacted]日 第[redacted]	原因 平成28年10月23日相続 所有者 [redacted]

●留保された財産は家督相続されずに、公正証書遺言通り行われた

マツの改製原戸籍には「昭和29年11月30日前戸主マツ隠居により指定家督相続人女戸主夏子相続届出同日受付」と記入されてあり、財産留保されたかどうか不明でした。この事例は、財産が留保されたという前提に立ち、マツが作成した、公正証書遺言で相続人以外の人（甥）に財産が遺贈されたことを登記官が認めたものです。

相続関係図

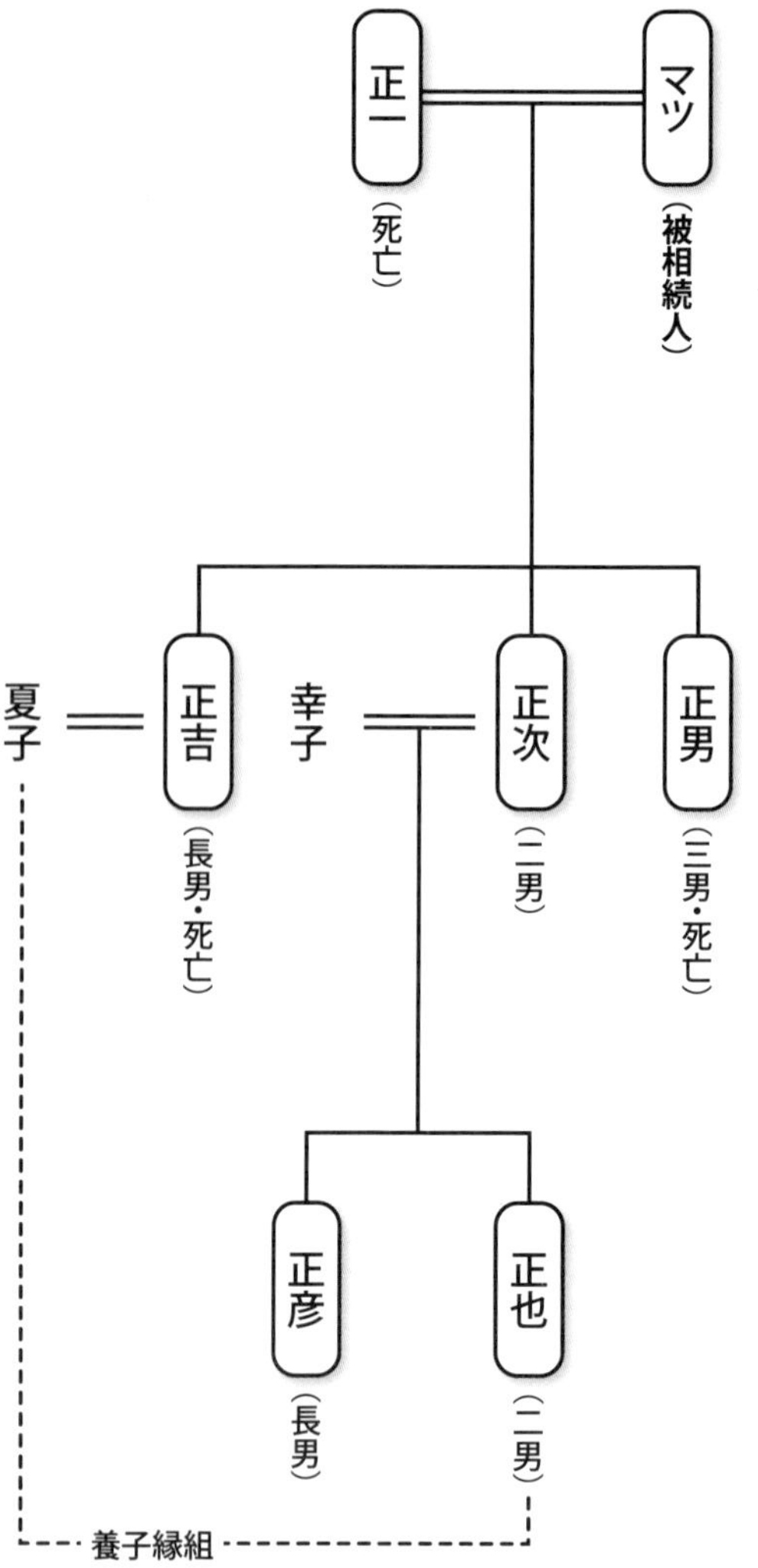

夏子は、マツから戸主を承継し、マツに属する一切の財産を含む権利義務を包括的に承継したことになります。そして、所有権がないマツが遺贈をすることは、本来認められません。しかし、隠居者の財産留保の有無については、登記官に審査権限がないために、所有権移転登記申請書を受理せざるを得ませんでした。

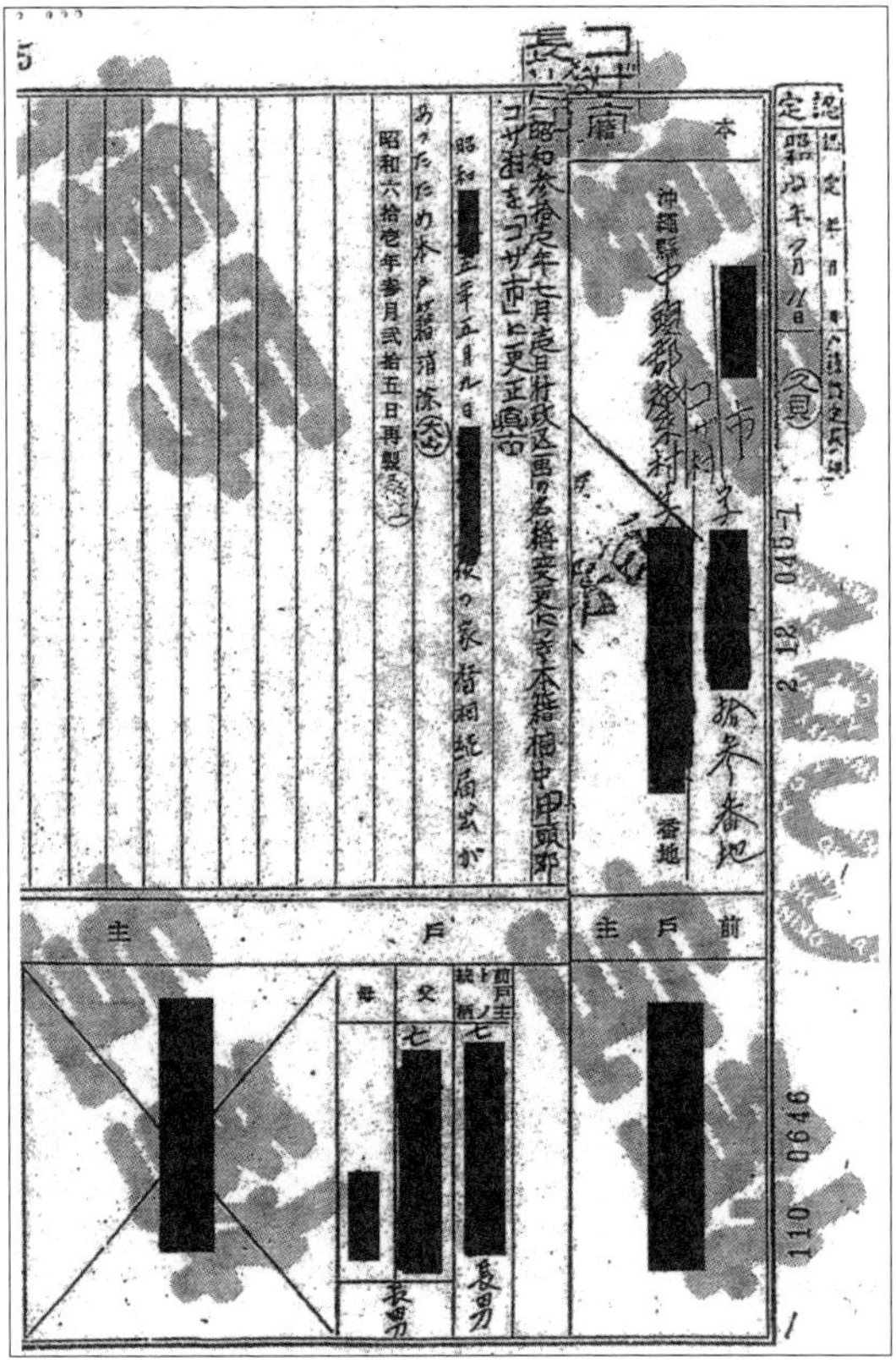
本籍 沖縄県中頭郡越来村字[redacted]拾参番地
昭和参拾七年七月壱日行政区画の名称変更につき本籍欄中「中頭郡コザ村」を「コザ市」と更正㊞
昭和[redacted]年五月九日[redacted]の家督相続届出があったため本戸籍消除㊞
昭和六拾壱年参月弐拾五日再製㊞
前戸主 [redacted]
戸主 [redacted]
前戸主トノ続柄 長男
父 [redacted]
母 [redacted]
長男

事例②

沖縄での家督相続はしばらく続いた

米国の布告による、日本の行政権や司法権行使の停止とは？

●日本本土と沖縄は新民法の一部施行に10年の差があった

昭和22年5月3日の日本国憲法の施行に伴い、婚姻及び家族に関する法律は「個人の尊厳と両性の本質的平等に立脚して制定されなければならない」ことを憲法により宣言され、新民法の「諸子均分相続」の精神により、家督相続制度は廃止されました。しかし、当時、アメリカの占領下（祖国復帰前）にあった沖縄では、米国の布告により、日本の行政権や司法権行使が停止になっていたために、旧民法の施行（家督相続制度）が維持され続けられました。その後、琉球政府は、昭和32年1月1日から「民法の一部を改正する立法」を施行し、ようやく、本土の新民法と同様の内容となり、沖縄においても家督相続制度が終焉しました。

●家督相続財産か、相続財産か？で相続人の争い

父親が昭和19年11月15日戦死したことにより、長男は家督相続人になるはずでしたが、戦後の土地所有者認定作業の時に、母親は長男が未だ幼かった為に土地を母親名義にしました。その後、昭和35年5月19日家督相続の届出（戸籍課）にしました。母親名義の土地を本来の家督相続名義人に登記申請するべきでしたが、それを行わず母親は亡くなってしまいました。そこで、母親の相続財産として、子供・孫達が相続財産をめぐって争っています。

戦後の動乱で所有者認定作業が間違っていた場合、「真正なる登記名義人の回復」として家督相続人への登記を母親の生前に行っておくべきでした。

相続関係図

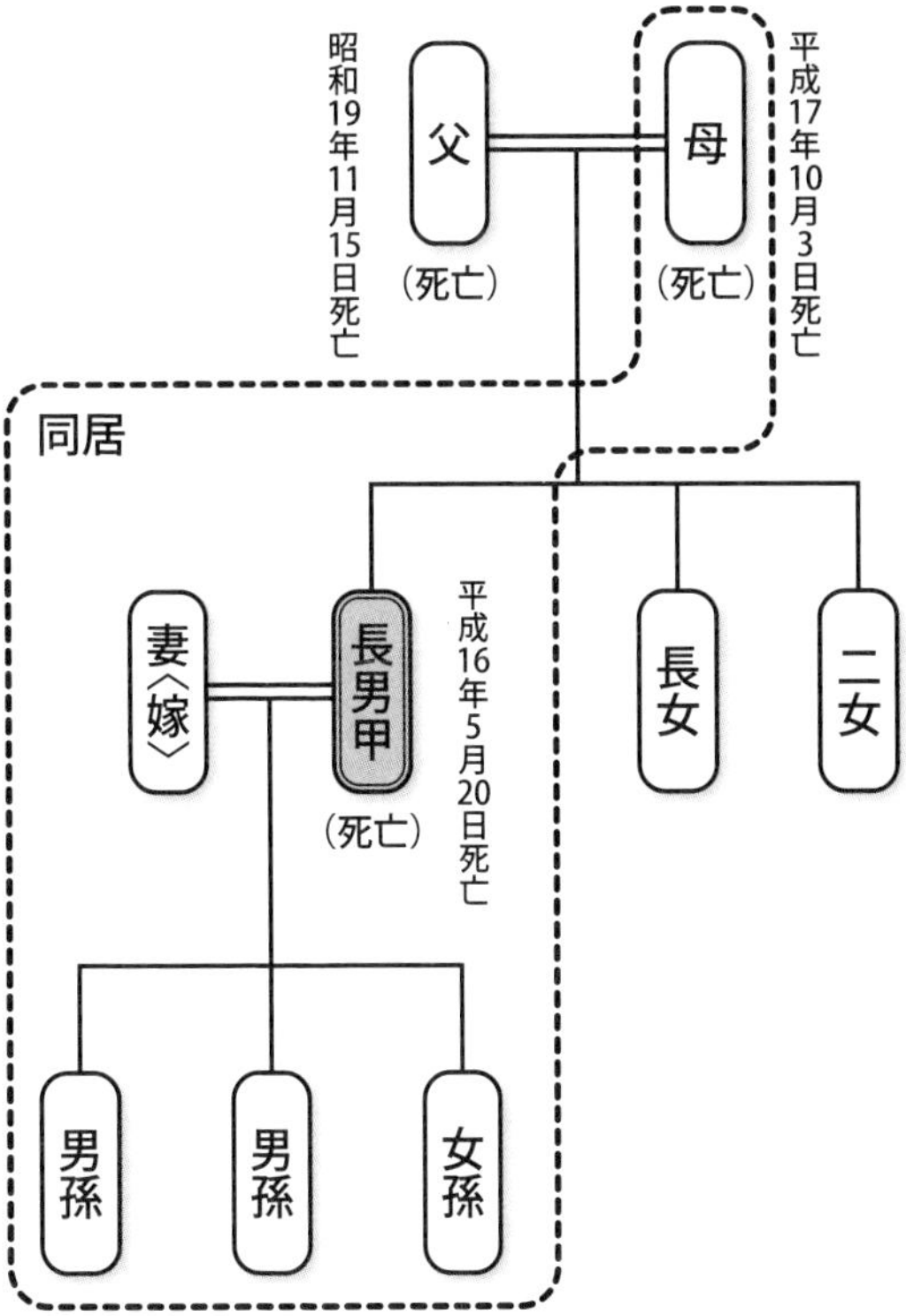

事例③

トートーメー（位牌）にまつわる相続

祖先のタタリがあるといわれているトートーメー問題とは？

●トートーメー（位牌）問題とは？

トートーメー（位牌）は、長男から長男へ「嫡子」相続が昔から慣習となっています。女の子ばかりで、男の子が生まれなかった場合には、血族（直系卑属）のだれか男性にトートーメーを持ってもらうのが普通です。例えば、兄弟の子の二男というように、いずれにしても「女抜き」です。沖縄においても、トートーメー承継も家督相続人である、戸主の地位を受継ぐ長男の特権となりました。

そして、遺産は家の財産という観念のもとに、戸主の地位と不可分的に相続されるようになったのです。「トートーメーには相続財産がついてくる！」ことになり、トートーメー承継が相続の中心になりました。

【1】相続人でない者がトートーメー承継人になることがある

現行民法においては、祭祀財産（トートーメー等）は相続の対象から分離され、相続人が当然に祭祀承継人とはならず、相続人でない者でもその承継人となることができます。従って、孫（女）は母（祖母）の相続人ではないが、トートーメーを承継することは、現行民法においては、なんら支障はありません。しかし、沖縄では、トートーメー承継と相続財産は一対となって移転することが、慣習となっています。従って、トートーメー承継人である孫（二男）が、母のトートーメーと一対となって多くの相続財産も移転することになります。

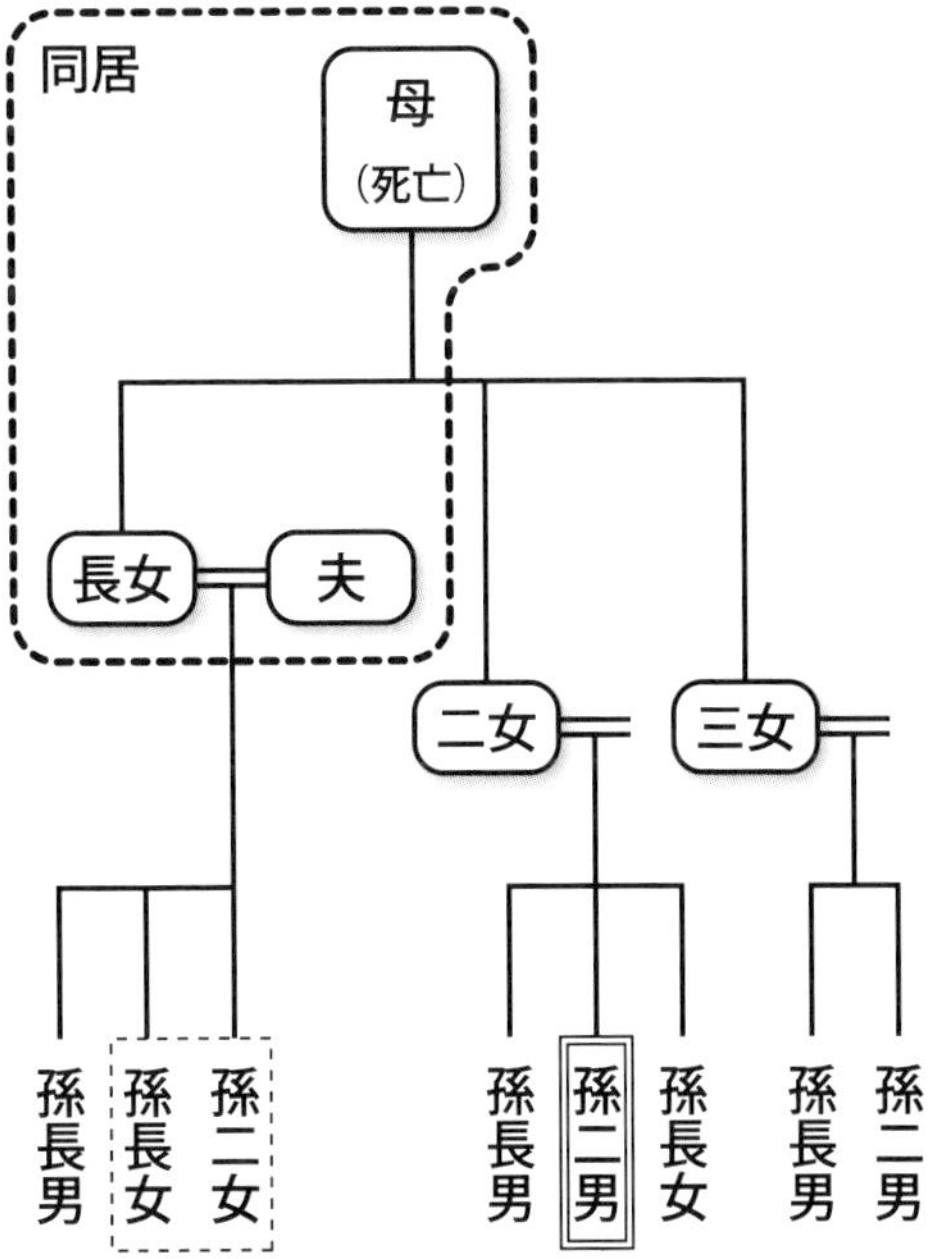

①沖縄の習慣からいうと、「孫二男」が母のトートーメー継承人になり、母の多くの財産と共に「孫二男」へ移転することになる。
②母は、長女と同居生活をしており、「孫長女、二女」の誰かに自分のトートーメーと財産を継承してもらいたいと願っている。

相続人ではない孫（二男）は、母と養子縁組をするか遺贈によって相続財産を取得することになります。

〔2〕トートーメーの一時預かりとは？

沖縄においては、トートーメー承継人が存在しない（生まれていない）場合には、養子縁組が行われていました。しかし、養子になれるのは、血族関係者（親族）に限られます。養子縁組も、４大タブーを「回避」することが前提となり、なかなかスムーズにいかないことが多いのです。

このタブーを侵すと「祖先のタタリ」があると言われ、子孫の誰の上に「タタリ」が、ふりかかってくるか判らないということです。この慣習から容易に抜け出せないのが沖縄の現実です。従って、トートーメー承継人が決まるまでは、兄弟が「財産の一時預かり」をすることになります。

戦死した長男のトートーメーは、沖縄の慣習では、孫（男ｂ）が相続財産と一対となって承継することになります。しかし、当時「孫（男ｂ）」は、まだ生まれていなかったために、三男が「一時預かり」をしている事例です。しかし三男の相続人は孫（男ｂ）ではありませんので、登記上の相続財産の名義人である三男から、トートーメー承継人である孫（男ｂ）にこれから、どのように財産移転をしていくのか課題となっています。

父母死亡当時、トートーメーの継承人は、まだ生まれていなかったため、三男がトートーメーと財産の一時預かり人となった。

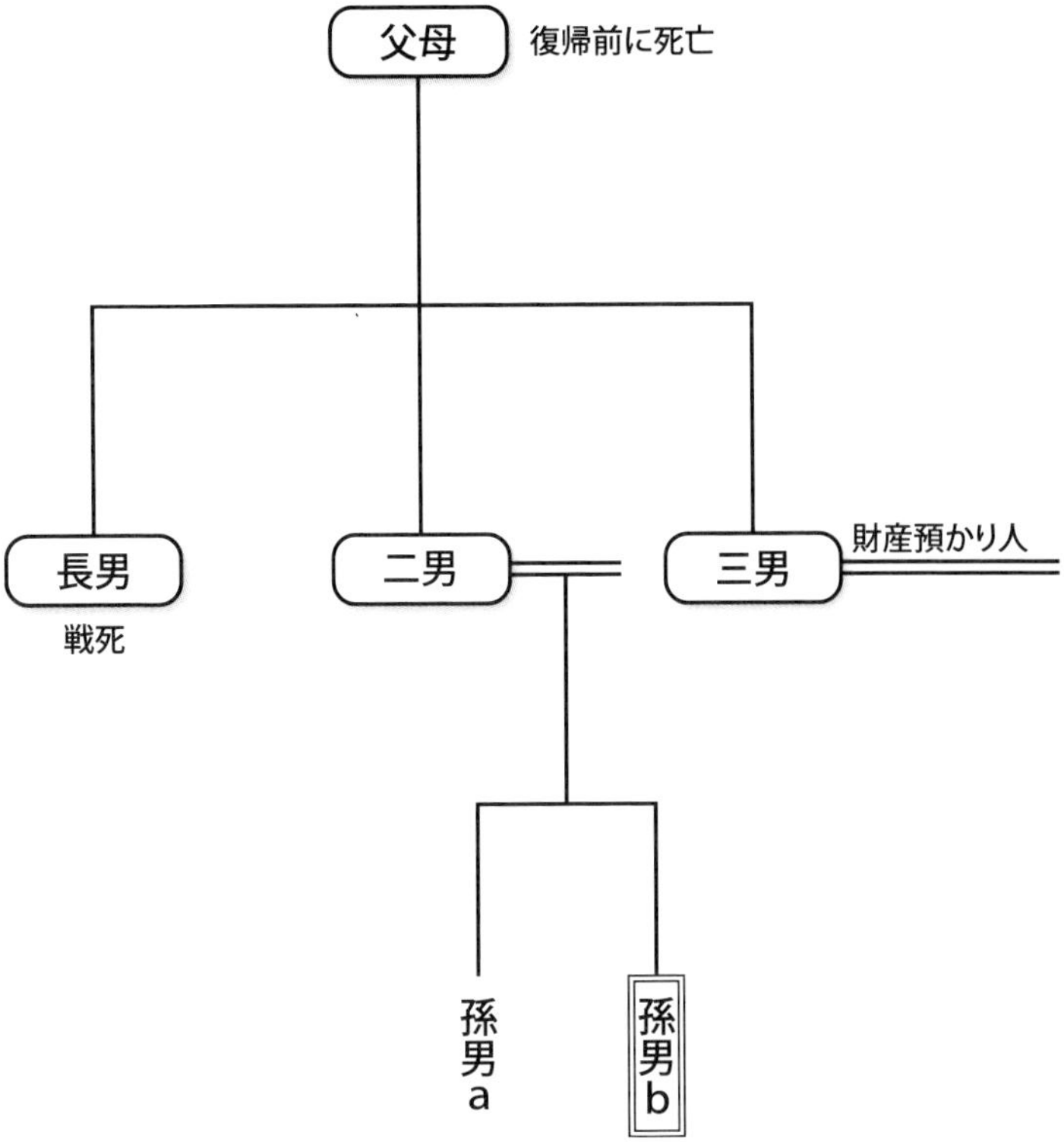

①沖縄の慣習によると、「孫男b」が父母のトートーメー承継人になる。しかし、父母が亡くなった当時「孫男b」はまだ、生まれていなかった。
②トートーメー承継人が生まれるまで、「三男」がトートーメーの預かり人になった。
③「三男」は、父母の財産の名義を自己に移していた。
④「三男」から「孫男b」トートーメーと財産を移転することになった。

〔3〕血族と姻族の争いとは?

長男は、父親より先に死亡しました。沖縄の慣習からすると、本来であれば、父方の兄弟から養子（男子）を迎え、トートーメーの承継人として財産を譲ることになります。父母の死亡前に父系親族から養子縁組をしなかったことが、争いの原因になりました。父親の相続発生により、その財産は妻である母親（相続人1人）に承継されます。母親に帰属された父方の財産は、合法的に母方の親族に移転することになりました。

現在、トートーメー承継人と相続財産をめぐり、血族（父親方）と姻族（母親方）の間で、相続争いが生じています。

血族の言い分としては、「本家（父親方）の財産が、母方の兄弟姉妹に相続された……取り戻したい」という感情論とともに、4大タブーに抵触するので、必ず「タタリ」があるのでは?と親族は恐れています。

血族と姻族の対立が発生

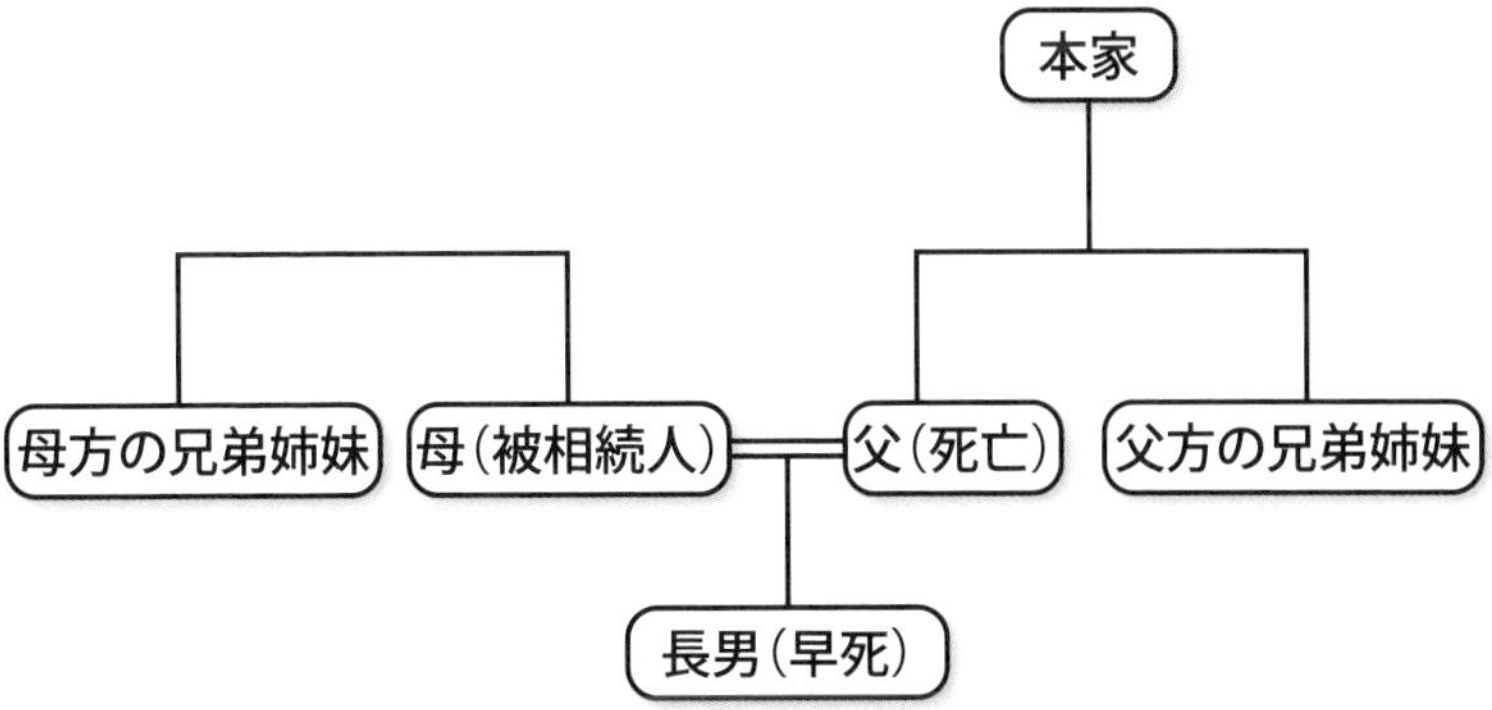

父方の財産（門中財産含む）は、「合法的」に母方の親族に「移転する」ことになる。

トートーメー継承をめぐる４大タブー

第一　イナグ・ガンスの禁止　（女が位牌を継承してはならない）

トートーメーの継承人に女がなってはならないというタブーで、位牌の継承を男系の男子とする男系純血主義の原則

第二　タチー・マジクイの禁止
（父親が血筋ではない男子を継承人にしてはならいない）

父系系統と異なる他系の男子をトートーメー継承人にしてはならないということで、「タチー」とは「他系」の意味で、「マジクイ」とは「まぜる」の意味である

第三　チャッチ・ウシクミの禁止　（長男を排除してはならない）

トートーメーの継承人は長男がならなければならない。「チャッチ」とは「長男嫡子」を意味し、「ウシクミ」とは「押し込み」の意味である。

第四　チョーデー・カサバイの禁止
（兄弟の位牌を同じ仏壇に置いてはならない）

兄の位牌と弟の位牌を同じ仏壇に安置してはならない。「チョーデー」とは「兄弟」を意味し、「カサバイ」とは「重なる」の意味である。

〔4〕トートーメーに相続財産がついてくるとは？

諸子均分相続が行われている現在でも、まだ「トートーメーに相続財産がついてくる」という慣習が残っていて、深刻な相続争いが後を絶ちません。

被相続人の財産のほとんどは、実父から引き継いだものです。長男は、養母の生前に、「トートーメーを承継するのは、あなた（長男）だよ」とよく言われていました。父（被相続人）も異存はなく、財産のほとんどを長男に相続させるつもりでいました。

父が死亡したのは、父が、現在の同居人と暮らして、30年余の歳月が流れていました。長男と後妻の長女・二女との交流は、長年にわたって途絶えており、父の相続が開始すると、相続争いが生じるのは、極めて明らかでした。

長男に対して、後妻の長女・二女は、「均分相続」を主張してきました。もちろん、長男としては、トートーメー承継人として、相当の相続財産の配分を姉妹に主張しましたが、受け入れられませんでした。

父の死亡の悲しみの涙の乾かぬうちに、遺族間の骨肉の争いが始まるなどは、まさに地獄としか言いようがなく、現在、係争中となっています。

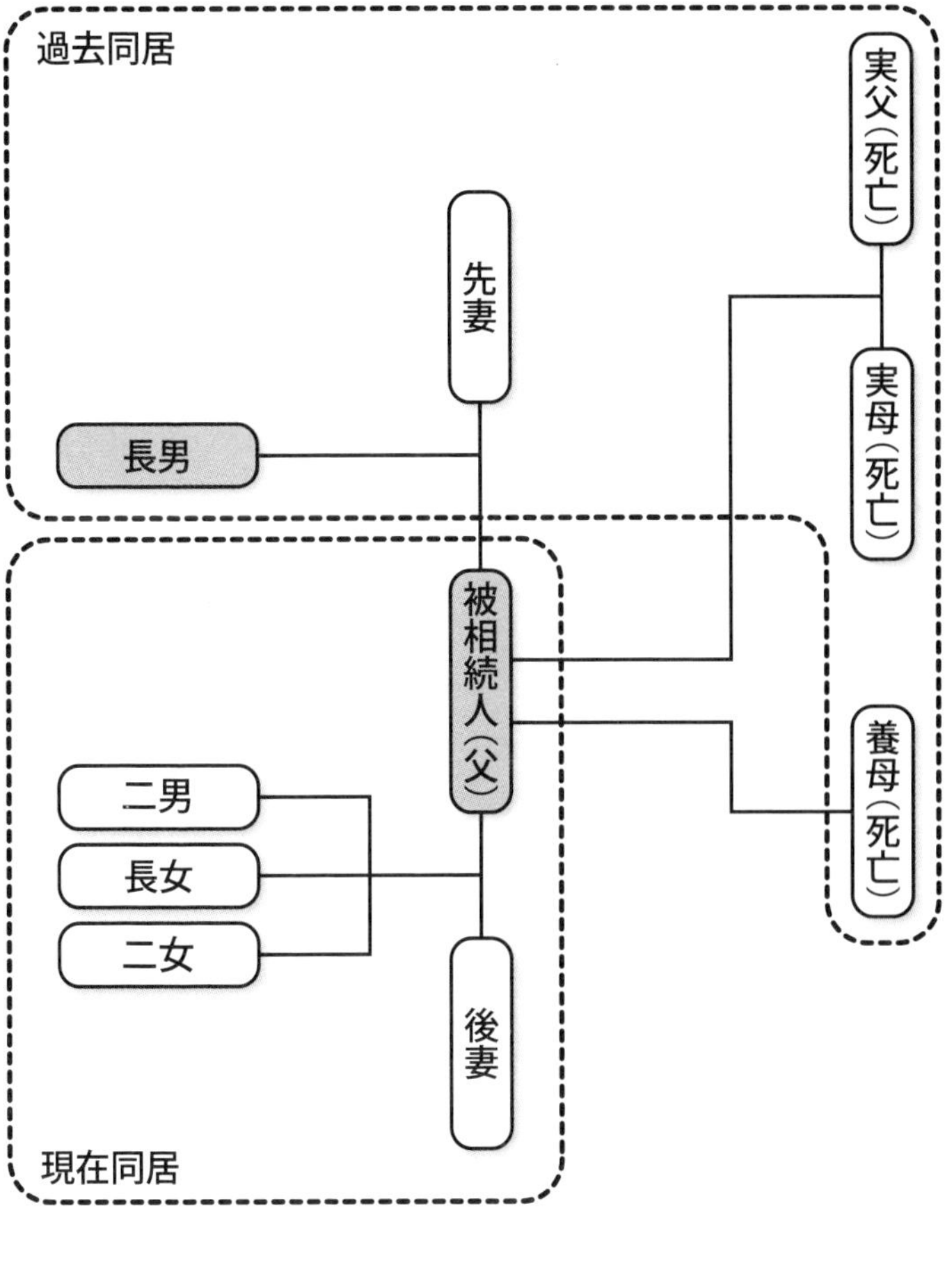
過去同居
実父（死亡）
先妻
実母（死亡）
長男
被相続人（父）
養母（死亡）
二男
長女
二女
後妻
現在同居

〔5〕父親の思いが仇に、死んでも死にきれない現実とは？

父親は、トートーメー承継人でもあり、家督相続人でもある長男に、全ての財産を相続させることは、当然のことと考えていました。何故なら、自分も代々から家督相続で財産を承継したからです。

父は、長男と相談して「公正証書遺言」を作成し、相続に備え万全の準備をしていました。父親からすれば、トートーメー承継人が全財産を承継することに、異議が出ようとは思ってもいなかったようです。

相続が発生し、長男は、遺言書の内容を兄弟姉妹に公開しました。兄弟姉妹にとっては〝寝耳に水〟でした。長男と父親で作成した遺言書に対する不満、遺産分割の不公平（遺留分）に対する不満が続出しました。

沖縄県においては、家督相続制度の施行が長かった分、その余韻がまだ残っています。父親は長男に全ての財産を相続させるのは当然のことと認識していました。しかし、諸子均分相続が前提となっている現在、遺言書が存在していても、平等意識による、兄弟姉妹の相続争いが多くなっています。

これまで、仲むつまじい兄弟姉妹でしたが、遺言書が開封されて以来、兄弟姉妹間で、「遺留分減殺請求」の訴訟になっています。

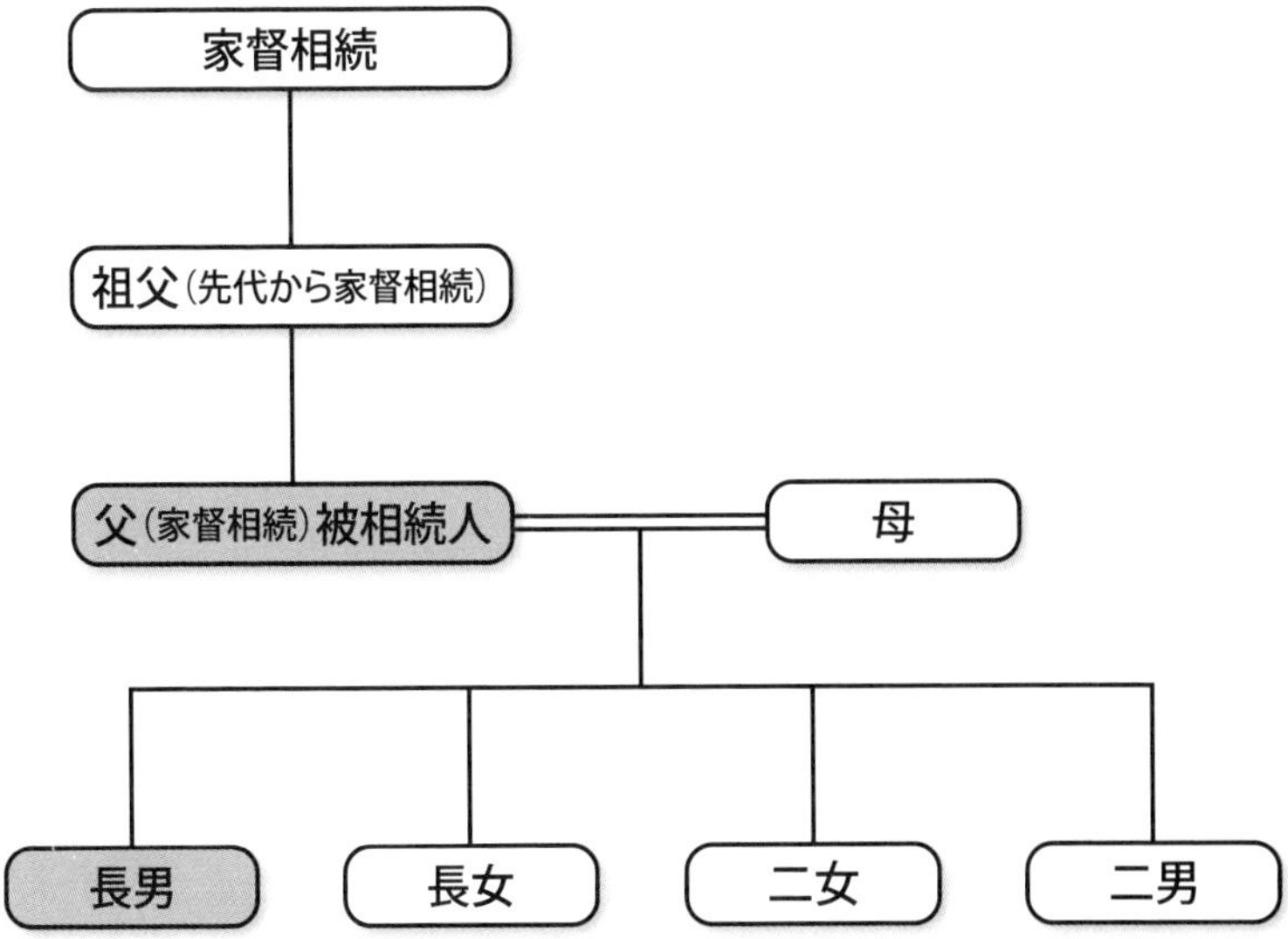

「遺留分減殺請求」が「遺留分侵害額請求」に改正されました。相続人に対する期間請求が10年前からの生前贈与に限定され、「金銭債権に一本化」され、金銭による請求のみになりました。しかし、贈与の当事者が遺留分を侵害することを知っていた贈与は、10年前に行われたとしても遺留分侵害の対象になります。なお、遺留分侵害請求は、侵害されたことを知ってから、1年間で時効消滅します。

事例④

困難を極める貸宅地の評価

戦後の住宅事情により強制的に移転させられた「割当土地等」事情とは

●沖縄県内に貸宅地が多く存在する理由

沖縄戦終了後、米軍基地建設によって多くの居住地が強制接取されました。接取された人々に居住地として提供されたのが「割当土地」です。沖縄の住民は、民間人（捕虜）収容所から帰村すると、土地の原形を頼りに、自分の土地を確認し使用を始めました。しかし、米軍が住民に開放したのは、限られた一部地域でした。広大な面積は、米軍に軍用地として占領され、住民の立ち入りは許されず、自分の旧住所地には帰れない住民は少なくなかったようです。そこで、市町村長・米軍地区隊長の権限で、基地外に地主の許可無しに、ブルドーザー等で土地を整地し、土地分配を行い、住民はその一律に割り当てられた土地に、支給された規格住宅（5坪~6坪の木造茅葺き小屋）に居住することになりました。これがいわゆる、最初の「割当土地」です。沖縄の住民は、解放された一部の地域を借地させ、占有権等を黙認することで、お互いのコミュニティを築いてきました。その結果、多くの貸宅地が存在する結果となりました。

割当土地制度は大きく次の3つの変遷に区分されます。

(1) 土地の所有者が不確定で、地主と割当人の間に賃借関係は結ばれておらず、賃借期間は6年間無償で貸すことになっていた。**(行政的な措置)**

(2) 土地所有権が確認され一定の賃借料をもらってもいいこととなった。しかし、所有者が土地明け渡し請求を行うケースが頻発したため、同時に割当人の徹底的な保護策がとられ、割当土地制度による賃借権の継続がなされた。**(暫定的な賃貸借関係)**

(3) 琉球政府は、地主の反対を押し切って、割当人の保護を名目に6年間の賃貸期間を無視して、割当土地制度を結果的に廃止し、借地権（借地法）に強制的に移行させた。**(半永久的な賃貸借関係)**

割当土地地区の現状

・浦添市城間地区・小湾地区・宜野湾市野嵩地区・普天間地区・嘉手納町嘉手納地区
・那覇市真和志地区等々、基地周辺には、多くの割当土地が存在すると思われるが、現状が把握されてない。なんの移転補償も受けることなく、割当借地人の多くが老朽住宅に住んでいることが多く、通行人がすれ違うのがやっとの路地が入り組んでいるため、防災や市街化開発に支障をきたし、土地所有者と借地人との権利をめぐる対立は、現在も存続している。

●沖縄国税事務所が一部認めた、全国初の貸宅地割合（三層構造）の新設

三層構造の宅地の貸宅地の相続税評価額は、「原則的評価方法（借地権控除方式）」によらず「特例的評価方法」を認めました。全国でも類を見ない貸宅地の評価方法です。

三層構造（地主・借地人・建物所有者）の貸宅地（転借権付住宅分譲地域）は、評価通達上の土地評価の原則（路線価方式）と土地価額の実態とに乖離があり、その宅地の自用地価額に貸宅地割合を乗じて計算した金額によって評価することになりました。

国税局長が定めた「嘉数ハイツ・宜野湾市嘉数4丁目付近」の貸宅地の相続税評価額を、「原則的評価方法」と「特例的評価方法」とで、評価金額を比べてみると、なんと、3200万円も減額になりました。これまで、貸宅地割合を定めた地域の「貸宅地の評価額」がいかに高額であったかを物語っています。

沖縄県内の「割当土地」や「三層構造の宅地」は、国税局長が定めた地域以外にも広く点在しています。貸宅地の評価額をめぐる、税務当局と相続人（納税者）の評価金額の攻防は、市場価格との間にかなりの開きがある以上、まだまだ続きそうです。

貸宅地の評価

貸宅地の評価額を平成 15 年（原則的評価方法）と平成 17 年度（特例的評価方法）を比較してみました。

平成15年度相続発生時の貸宅地の評価額

借地権の評価額（B）
8000万円×30%＝2400万円

貸宅地の評価額（A）
8000万円－2400万円＝5600万円

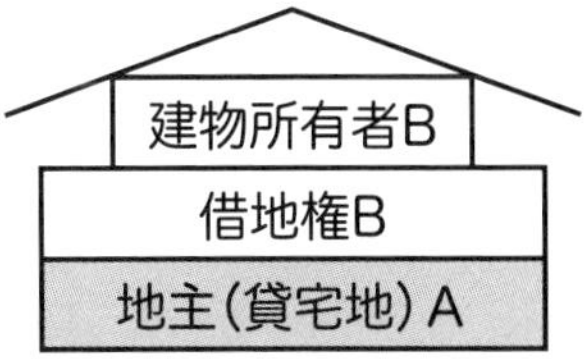

平成17年度以降の貸宅地の評価額

（特例的な評価方法）（三層構造の住宅地の場合）

貸宅地の評価方法
8000万円×貸宅地割合30%＝2400万円

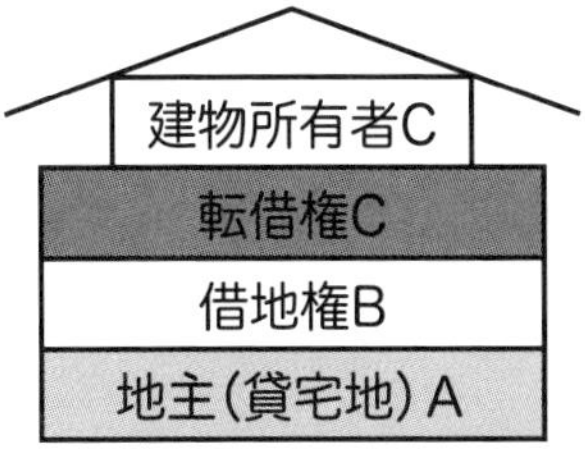

同じ貸宅地でも、評価額が5600万円－2400万円＝3200万円の減額になっています。これまで、貸宅地割合を定めた地域の「貸宅地の評価額」がいかに高額であったかを物語っています。

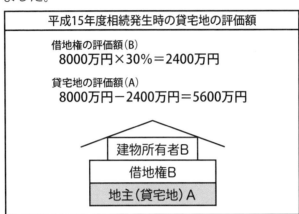

事例⑤

権利能力なき社団（門中・財産管理会等）の財産と相続

財産上のトラブル解消のためにできた法的措置とは？

●門中等と中間法人及び一般社団法人について

沖縄における門中等には、門中等で財産を形成しているところが多く、代表者や理事の個人名義や複数の共有名義にして登記をする方法がとられています。個人名義のために、相続が開始したときの、相続人と他の構成員との所有権争いや、登記名義人の債権者が、門中等不動産を差し押さえる等が発生していました。そこで、門中等の中には、登記名義人から次なる登記名義人への「死因贈与契約書」等の締結により保全を図っているところもあります。

平成14年に施行された「中間法人法」は、平成20年に施行された「公益法人制度改革関連法」の施行に伴い廃止されました。

従って、「中間法人○○門中」で設立した中間法人や、権利能力なき社団（人格のない社団）の門中等は、今後、一般社団法人に移行することになります。

●一般社団法人の税制上の分類とは？

一般社団法人は、税制上の分類として、「全所得が課税対象になる一般社団法人」と「収益

地縁による団体等の関係図

事業のみが課税対象になる一般社団法人」に分けることができます。収益事業のみが課税対象とする一般社団法人にするには、定款において「剰余金を分配しない旨の定め等」の記載が必要になります。

なお、沖縄の門中等の収入源となっている「軍用地料」は、公益法人等又は人格のない社団等がおこなう国等に対して直接貸し付けられている不動産の貸付業として、収益事業の範囲から除くことになっています。

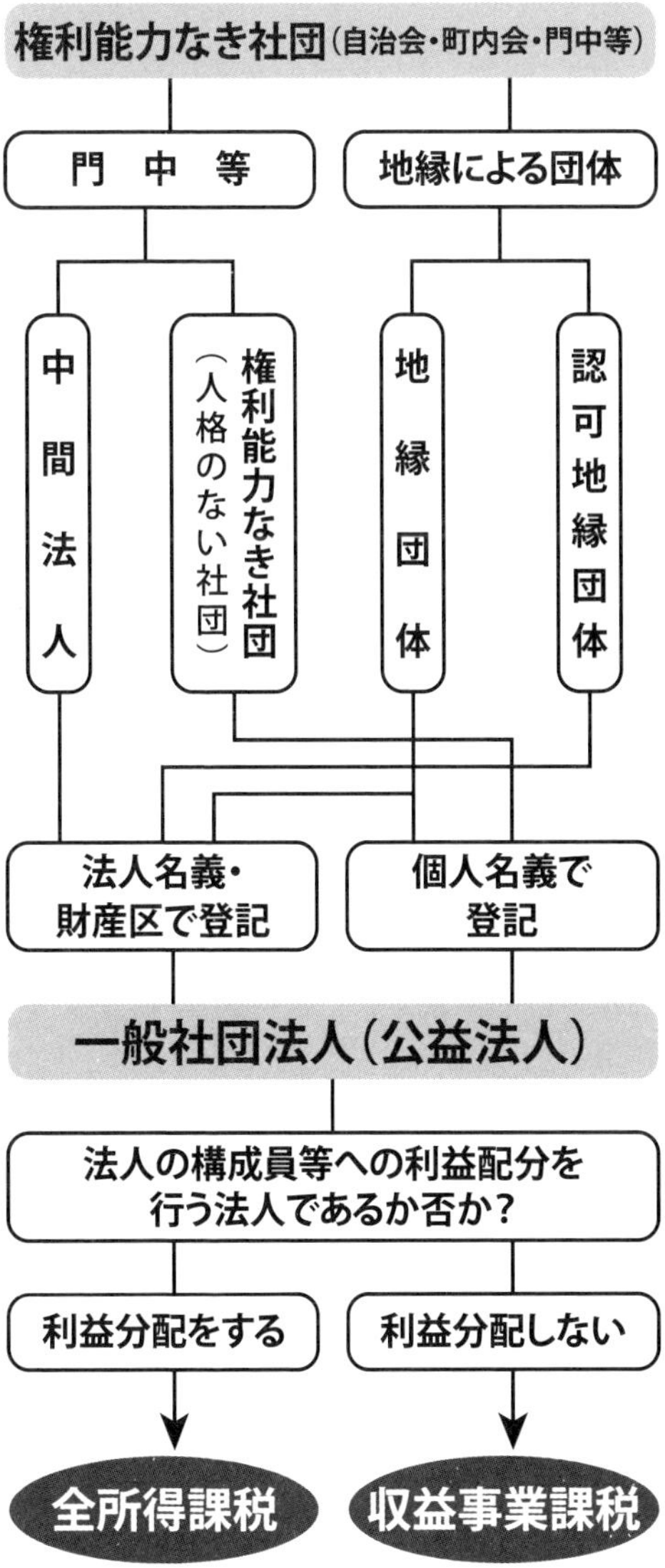

事例⑥

所有者不明土地と相続問題とは？

所有者は確かにいるはずだが… 誰が所有者かわからない？

●所有者不明土地とは？

所有者不明土地とは、所有者のいない土地（無主の不動産）とは異なり、所有者は存在するはずであるが、誰が所有者であるか不明の土地という意味であり、民法（無主の不動産は国庫の所有に属する）の規定が適用されない土地です。また、所有者が、誰かは明らかであるが、何処にいるのかが不明であるという、つまり「不在者の所有土地」というものとも異なります。従って、所有者不明土地は所有者が現れ、確定すれば所有者不明土地の現在の管理者である県又は市町村から、所有者に返還されるべき土地です。

●所有者不明土地の発生原因

沖縄県の所有者不明土地の発生は、大部分が去る大戦の結果によるものと言われています。沖縄が戦場となり、登記所が焼かれ、登記簿謄本や公図類が焼失又は紛失してしまいました。米軍は占領政策を遂行するうえで、土地所有権確認作業を行いました。しかし、次図の理由から所有者が名乗り出なかったため、所有者不明土地が多く生じたと言われています。

①所有権申請時期（1950 年 6 月 30 日まで）に沖縄群島以外に転出していて、所有権の申請がなされていなかった。

②一家全員が戦死したため、所有権の申請がなされなかった。

③戦争により土地の地形等が大きく変わってしまい、事実上自己の土地として確認が出来なかったために、所有権の申請がなされなかった。

④戦前からその土地を所有し、かつ占領しているため何ら支障を感じないので、所有権の申請がなされなかった。

⑤当初から無主の不動産であるため、所有者の申請がなされなかった。

⑥その他の理由

○戦争で若年の子供だけが生き残ったため、所有権の申請方法が解らずに所有権の申請がなされなかった。
○土地の税制から逃れるために、所有権の申請がなされなかった。
○沖縄県は移民が多く、海外に居るため所有権の申請がなされなかった等々。

●所有者不明土地の占用者に相続開始があった場合

①所有者不明土地の上に、占用者の建物が建っている場合には、借地権が発生します。
②賃貸借契約を県や市町村と締結している場合には、賃借権が発生します。
ほとんどの所有者不明土地は、県や市町村が「契約期間5年以内の賃貸借契約」を締結しています。相続税法における「賃借権の評価方法」により、評価額を計算します。

●裁判所で所有権が認められ、所有権保存登記がされた場合の課税関係

所有権が確定すると、甲区に「所有権保存」登記をします。管理者である県や市町村から所有者に返還されるべき土地であるため、所有権移転に伴う課税関係は発生しません。

●所有権が確定されたときに、県や市町村から受け取る「預かり地料」

所有者不明土地は、県や市町村が、期間5年以内の賃貸契約を占用者と締結しています。所有権が確定すると、これまで預かっていた「預かり地料」を一括して県や市町村から所有者に返還されます。これは所得税（不動産所得）が課税されることになります。（臨時所得）
所有者不明土地は県と市町村を合わせて、981，635㎡（2，699筆）もあり、遅々として移転作業が進まず、困難を極めています。
「全国的な所有者不明土地（所有者の登記あり）」と「沖縄の所有者不明土地（所有者の登記

がない)」は、不動産登記簿における登記内容に大きな相違があります。

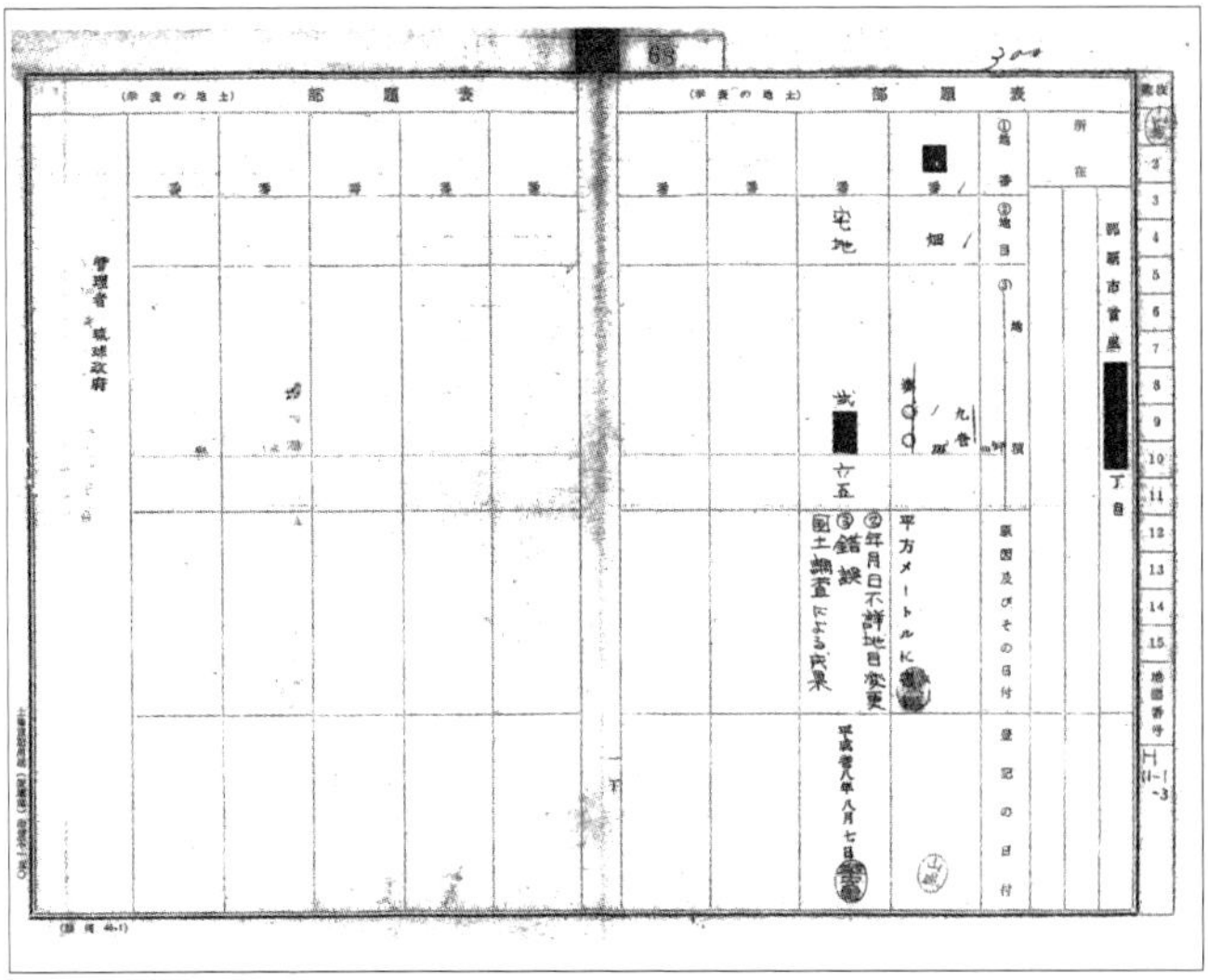

所有者不明土地の登記薄謄本での表示

所有者不明土地の表示登記は「管理者・琉球政府」となっています。復帰とともに、沖縄県又は市町村が管理することになりました。所有者が確認された場合は、「甲区」の欄に所有権保存登記をします。

事例⑦

過度な相続税対策の果てに？

財産を細分化し過ぎると後々と不都合が生じる！

●暦年贈与で相続財産を直系卑属に移転する

贈与税（暦年課税方式）は、毎年１１０万円の基礎控除を超えて贈与を受けた人に対して課税されます。ですから、一度にたくさんの財産を贈与すると贈与税が多額になるため、相続税を減らすための生前贈与には意味がありません。しかし、年間に贈与税の基礎控除の範囲内、つまり１１０万円以内の金額を、毎年少しずつ贈与していけば、贈与税を支払わずに財産を親から子へ確実に移転することができます。しかし、相続税対策を急ぐあまり、複数の直系卑属（子・孫・曾孫）に対して、相続財産（土地）を贈与することは、土地の極度の細分化につながり、後々不都合が生じてきます。

●やりすぎた生前贈与

父の相続対策として、浦添市内にある土地を、子・孫・曾孫の総勢22名に数年間にわたって暦年贈与（１１０万円の基礎控除の範囲内）を実行してきました。土地の所有権は持分登記になり、各個人の持分は細分化（所有持分20／1620）されています。将来、細分化されたこの土地を担保に提供したり、土地の有効利用を図ったりするときに、全員の同意を得ることができないなどの支障が出てくることが予測されます。また、物上保証人として全員の同意を得ることはなおさら不可能だと思います。

過度に相続財産を細分化しすぎると、将来に禍根を残すことになります。

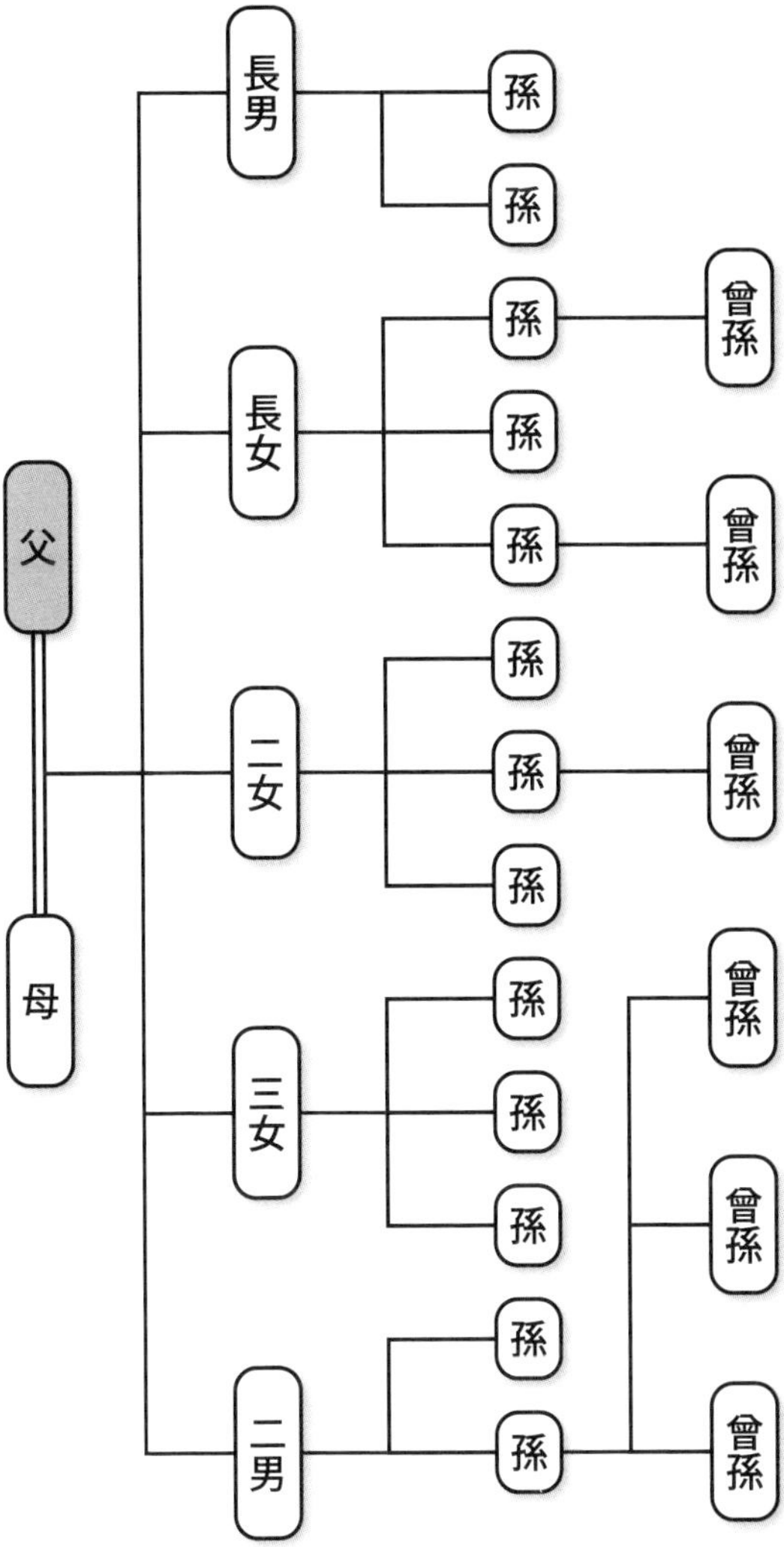

事例⑧

このままでは莫大な相続税が、と言われて！

相続税対策の第一歩は「現状分析」から始まる！

●相続税の現状分析の必要性とは？

相続税対策を考えるためには、どのような相続財産をどれだけ所有しているかを調査し、また現時点で相続が発生した場合には、その相続財産にどれだけの相続税が課税されるかをできるだけ正確に把握しなければなりません。

その結果、所有している預貯金で、相続税の納税資金が足りるのか否かをまず検討します。そして、納税資金が足りない場合、遺産分割の問題等が発生しそうな場合など、本人が想定していなかった相続時の課題が明らかになります。

「相続税の現状分析」をしっかりやることによって、「相続の問題点を抽出」することが可能となり、節税のための有効な生前対策をすることができるのです。

●これまで相続税の現状分析をしたことが無い、相続税が心配です

某建設会社から「相続対策をしないと相続税が億単位で課税されますよ」と言われ、相続対策のために、賃貸アパートを建てることになりました。建築費は2億円、銀行借入を予定して

います。

本人（79歳）は「財産を増やしたばかりに、相続税の心配をしないといけなくなり、子供たちに2億円の借金を背負わすかと思うと不動産を買ってきたことが悔やまれる」と悲痛な思いを話されていました。それは、数億円の相続税を予測していたからほかなりません。しかし、相続税の現状分析をした結果、なんと、相続税が数百万円であることが明らかになりました。

ご本人は大変安心し、土地ごとの利用計画を考えながら、無理のない相続税対策に着手しています。もちろん違約金として数百万円を支払って建築は中止となりました。

税金が重いと思っていた
重圧感
現状分析の結果
これなら
やるべきことが
明確になった
よかった
よかった
700万円
安心感

相談内容

主人が昨年、病気で入院してしまいました。某建設会社から「相続対策をしないと相続税が億単位で課税されますよ」と言われ、相続対策の為に賃貸アパートを建てることになりました。建築費は2億円、銀行借入を予定しています。夫婦で不動産をコツコツ買って現在の坪数になりました。財産を増やしたばかりに、相続税の心配をしないといけなくなり、子供たちに2億円の借金を背負わすのかと思うと不動産を買ってきたことが悔やまれます。建築確認申請中ではありますが、何かいい方法がないでしょうか。教えて下さい。

着眼点

相続税の現状分析をする…相続税額を明確にする

分析結果

数億円の相続税額を予想していたが数百万円であると分かりました。

建築の中止、違約金数百万円の出費

事例⑨

無理な遊休地の有効利用は危険がいっぱい？

賃貸アパート建築は事業収支と資金繰りの両面から検討しよう！

借金で相続税対策をした事例（アパート建設）

●遊休地を有効利用すると相続税が下がる！

土地の有効利用は、固定資産税対策や相続税対策に有効な手段といえます。賃貸アパートの敷地の評価は「貸家建付地」となり評価額が下がります。また、この敷地は「小規模宅地等の評価減の特例」を適用することにより、面積２００㎡まで50％割引で評価できるのです。このように、賃貸アパートの建築は、遊休地から収益を生み出し、さらに相続税対策からもメリットのある有効な方法と言えます。

●賃貸アパート建築のデメリットとは？

賃貸アパート建築で一番怖いのが、資金繰りの悪化で賃貸アパートを手放すことです。更地であればすぐに転売できた土地も、賃貸アパートの投資利回りでしか転売できず、すぐに換金化が難しい状況に陥ります。

宜野湾市内の某不動産会社に勧められて、相続税対策ができるということで、２年前に一棟建ての賃貸アパートを建築した事例があります。相続税対策は実現したものの、所得税・住民税・健康保険税……全てが増税となり、あげくの果てに、銀行借入金等の返済で資金繰りが厳しい状況に陥ってしまいました。土地、建物の一括売却を検討しても、銀行の借入金残額でしか買い手がつかず、何のために賃貸アパート建築したのか悔やまれます。更地であれば数千万円で売却できた土地は無駄になりました。このように、賃貸アパート等の建築は、事業の収支と資金繰りがきちんと組めることが大前提とすべきです。つまり、遊休地の有効利用は、守る土地・利用する土地・いざとなったら処分する土地といったものをよく吟味し、事業計画や相続財産全体の資産構成を考えて判断しないと命取りになってしまいます。

●更地のままだと

➡ 相続税評価額のまま評価する

●賃貸アパート・賃貸マンションを建てると

➡ 貸家建付地になり評価額が下がる

土地を有効利用すると相続税は安くなる

⇕ うらはら

土地の有効利用はよく吟味しないと危険もいっぱい

事例⑩

海外移住者と相続について

海外移住者の場合の遺産分割協議書の作り方

●相続税を納める人（納税義務者）はどんな人

日本の相続税法では、相続発生時点での相続人の住所と相続財産の所在地が重要なポイントとなっています。相続人の住所が日本にある場合は、相続財産の所在地が日本国内である場合はもちろん、日本国外にある財産も相続税の課税対象になります。

相続で財産を取得した時に外国に居住していて日本に住所がない人は、取得した財産のうち日本国内にある財産だけが相続税の課税対象になります。ただし、次のいずれかに該当する人が財産を取得した場合には、日本国外にある財産についても相続税の課税対象になります。

①　財産を取得したときに日本国籍を有している人で、被相続人の死亡した日前10年以内に日本国内に住所を有したことがある場合か、同期間内に住所を有したことがなく被相続人が一時居住相続人又は非居住被相続人でない場合。

② 財産を取得したときに日本国籍を有していない人で、被相続人が一時居住被相続人又は非居住外国人でない場合。

※一時居住者………相続開始時に残留資格を有するものであって、相続の開始前15年以内において国内に住所を有していた期間の合計が10年以下である者

※非居住外国人……日本国籍のない者で、相続の開始前15年以内において国内に住所を有していた期間の合計が10年以下である者

以前は「相続人が国内居住か外国居住か」だけで課税財産の範囲が決まっていました。相続人（子供）がどこに住んでいるかが重要で、外国居住であれば日本にある財産のみが相続税の対象となっていました。言い換えれば子供を外国に住まわせておけば、全財産のうち一部（日本にある財産）に相続税がかかるだけで済むということでした。これは、贈与税も同じことで、子供を外国に居住させたうえで外国財産を贈与して、日本の贈与税を免れていました。

現在は「被相続人が日本に住所を有していれば、相続人がたとえ外国に何年居住していても日本国籍を失っても、世界中の財産に対して日本の相続税を課税する」という扱いになっています。以前の規制は「5年縛り」で「親子がともに5年を超えて国外に住んでいれば、国外財産は課税対象から外す」と比較的緩やかな対応でしたが、現在は「10年縛り」に強化され、親

子ともに海外に10年を超えて住んでいる場合でなければ、現地の財産にも日本の相続税や贈与税がかかるようになっています。

●相続人が海外に居住している場合の遺産分割協議書

沖縄県は全国でも有数の移民を送り出した県として知られています。従って、相続人の中に外国に居住する者がいても珍しくありません。相続が発生した場合に、被相続人の遺産分割については日本の民法が適用されますから、相続人全員が国内にいる場合の遺産分割の場合と全く同様で、外国にいる相続人も遺産分割協議に参加しなければなりません。

(1)　印鑑証明書に代わる「サイン（署名）証明書」

相続人全員の（外国にいる相続人も含めて）で遺産分割が整えれば、遺産分割協議書を作成します。相続人全員の署名・実印での押印・そして印鑑証明書の添付が必要です。しかし、日本以外（台湾・韓国を除く）の国では印鑑証明書や住民票の制度が存在しません。従って、外国では、実印に代わって署名（サイン）で行います。このサイン証明（宣誓書・宣誓供述証明書）を遺産分割協議書に添付することにより、登記申請を行います。

(2)　住民票に代わる「在留証明書」

相続財産の中に不動産がある場合には、相続登記に住民票が必要になります。日本国内にいる相続人の住所を証明するには、戸籍の附票または住民票を使えばいいのですが、在外邦人の場合には、国内に本籍が残っていたとしても、居住する外国の住所までは記載されていません。住所を証明する書類として「在留証明書」というのが必要になります。現地の日本領事館に現住所がわかる書類等を提示することによって申請・取得することができます。

(3) 戸籍にかわる「相続証明書」

外国に居住する相続人の中には、その国の国民として帰化した人がいると思います。たとえ他国に帰化した人でも、相続人であることを証明しなければなりません。しかし、戸籍に代わる相続証明書は実際のところ存在しません。普通は出生証明書、婚姻証明書、死亡証明書等を添付することになり実務では対応しています。

●相続関係(代襲相続人の事例)

沖縄県の集団移民は、明治33年から本格的に始まりました。希望に燃え人々が心を向けた理由は大なり小なりあると思います。沖縄県在住の人(被相続人)の相続の事例です。海外にいる相続人も日本国の相続税の対象になります。ここでは兄弟の子(甥姪)が代襲相続人になります。

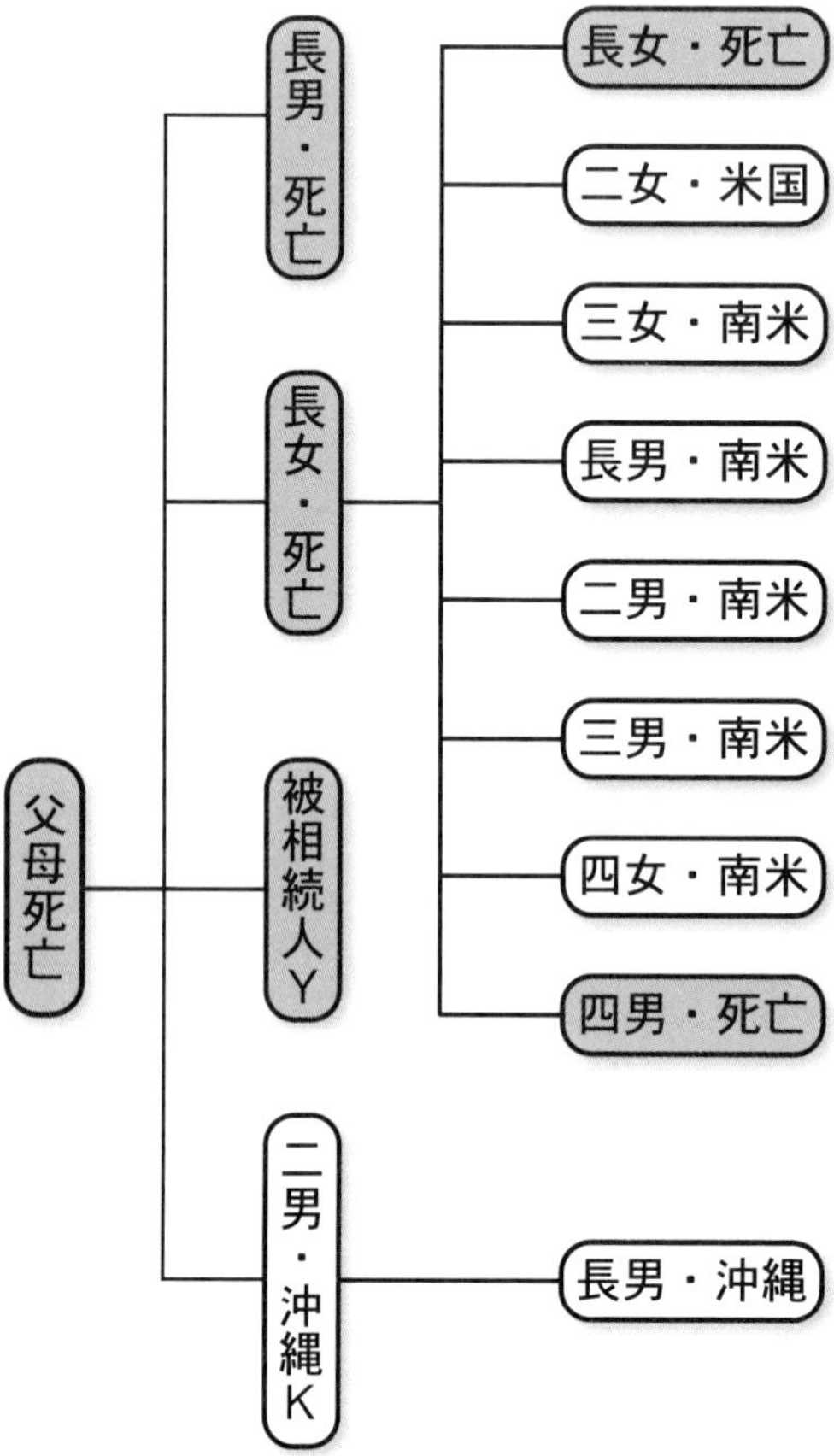

沖縄から遠く離れたアルゼンチンに代襲相続人がいる

沖縄市のYさんは92歳独身で亡くなりました。相続人は同じ沖縄市に住む弟のKさん90歳と、Yさんの姉の子供達で甥や姪たちでした。相続人の数は7名でそのうち6名は外国に住んでいました。

相続人Kさんは高齢のためにKさんの息子夫婦が実際には手続きのために奔走していました。当社に来るまでKさん息子夫婦は既に数か所の弁護士事務所と税理士事務所を訪れ、住所さえも分からない外国にいる相続人との手続きを含め相談したそうですが、どこでも「手続き複雑・不明」を理由に請け負ってくれなかったそうです。

Yさんの姉は若い頃にアルゼンチンへ渡り、現地で結婚し子供を設けていました。その子供達が代襲相続人となる甥や姪ですが、そもそも沖縄のKさんやKさんの息子も、その人達と会ったことも話したこともありませんでした。Kさんからすれば70年前に会ったきりの姉の子供たちといっても、外国人である甥や姪とは話も出来ません。

複雑な糸のからまりを一つ一つ解きながら進める必要がありました。


戸籍をたどれない相続人がいたらどうする!?


70年前に沖縄から外国にわたった姉は日本の戸籍から除籍されたところで途絶えています。外国で生まれた甥や姪はアメリカやアルゼンチンにいるためその州によって出生証明書の手続きも署名証明書の手続きも異なります。

言葉が通じない甥や姪にどのように複雑な日本の相続手続きや申告の説明をしようか思案した結果、まずはこの状況と今後の展開についてお手紙を書いて協力願いをすることにしました。

そこで大活躍してくれたのが沖縄県内で翻訳・通訳事業を専門にする某社の方々です。この会社に登録する翻訳・通訳者は様々な言語に対応しています。

あらかじめ通訳者を介して現地の役場に電話や手紙で手続きに必要な書類や段取りを聞き取り、手紙の中には出来るだけ専門用語を使わないで手続きの仕方を明瞭に書くようにしました。肝心な住所は甥や姪のさらに子供が沖縄で仕事をしていることが判明したため、その一人の方を頼りに数人の住所が把握できました。

翻訳の方と推敲を重ね、Kさんと当社の想いを詰めた手紙は遠いアルゼンチンへと郵送されました。果たして、何らかのお返事はくるだろうか？面倒と思われなかったか？快く応じてくれるだろうか？相続人の一人でも応じなければ相続税申告のみならず手続きは進みません。一日千秋の思いでお返事がくるのを待ちました。

手紙をだして2週間ほどして、一人の相続人から連絡がありました！思わず感嘆の声があがるほど嬉しい一報でした。

いざ、アルゼンチンへ！遺産分割協議書作成

現地で6名の相続人の方が居て、遺産分割協議に快く応じてくださることになり、一気に手続きが進むかと思われましたが、出生証明書を各州や村で発行することや、日本の印鑑証明書に代わる「署名証明書」を作成することはことのほか難儀で複雑な業務で時間がかかりました。

それでも翻訳・通訳の方の丁寧な対応のお陰で各州・村の書類を収集する段取りがつき、実際に現地で遺産分割協議書に署名していただくところまで漕ぎ着けました。

Kさんからの委任状を携えいざ！アルゼンチンへ。通訳・翻訳の方が実際に現地へ行きました。

数日間の日程で相続人はそれぞれ公証人役場において署名証明書を発行し、遺産分割協議書に署名してもらいます。

書類に不備があると手続きが台無しです。署名の位置や翻訳書類との照合など事前に綿密な打合せを行い、一回の署名手続きで終えるよう細心の注意を払っています。当社の担当者もかなりの緊張と負担だったことでしょう。

予定通り、優秀な翻訳・通訳の方のお陰で現地での手続きを済ませて日本に向けて出国したと連絡をもらった時は、手紙を送って返事がきたときの何倍も嬉しかったものです。

異国の地でウチナーンチュを感じる面影

外国にいる相続人の方々に遺産分割協議で決まった遺産のお金を送金しました。外国によっては二日以上の日を要して送金完了することもあり、最後まで気が抜けません。

そんな緊張の当社に嬉しい写真が一枚届きました。

現地へ翻訳・通訳をしに沖縄から行ってくれた方が撮影したもので、ホテルのロビーで相続人揃って撮影した写真です。和やかな笑顔の顔立ちも、皮膚の色もウチナーンチュのDNAがはっきりと感じられ、何故か初めて見た方々とは思えないほどです。

改めてこちらまで嬉しさが感じられ、相続の仕事の奥の深さと喜びが湧いてきます。

翌年、更に嬉しい出来事がありました。

外国の代襲相続人の方々が沖縄に旅行に訪れ、亡くなったYさんのお仏壇にお焼香をしたとKさんの息子夫婦がお話されました。Yさんの相続に始まり、遠い外国の相続人がお仏壇の前で縁に感謝された幸せな相続の形となりました。

Kさん息子夫婦は「どこからも断られて諦めていた相続手続と申告が、数か月で本当に実現して完了するなんて夢のようです」と何度も感謝の言葉をいただきました。

第2章

相続（税）・贈与（税）を正しく理解しよう！

●相続・贈与の基礎知識を解りやすく説明します。

① 相続(税)って、なんだろう？

すべての人に相続は関係します

相続というのは「被相続人（亡くなった人）の財産に属する一切の権利と義務、債権や債務を相続人が受け継ぐこと」です。沖縄においては、慣習等により相続人以外の人が相続財産付のトートーメー（位牌）を承継することがあります。

つまり、相続とは、亡くなった人（被相続人）の財産を妻や子供などの残された家族（相続人）が引き継ぐことです。そして、財産を引き継ぐときにかかってくる税金が相続税です。

債権とは、「他人に対して権利を主張できるプラスの財産権」であり、債務とは、「他人から請求されるマイナスの財産権」です。この場合のプラス財産とは、金銭に見積もることができる全てのものをいいます。現金や預貯金はもちろん、不動産・売掛金（個人事業主）・有価証券・車・貴金属等で家財道具に至るまで、金銭に換算できるもの全て相続の対象になります。マイナスの財産には、借金や買掛金（個人事業主）・未払金のような債務、保証人となり求償されている債務も相続財産に含まれます。相続が発生するとプラスとマイナス財産を含めて、全ての財産を相続人が受け継ぐということに注意しましょう。

また、相続税は、相続等により財産を取得した個人となることが原則ですが、個人以外の人格のない社団や一般社団法人に相続税が課税されることがあります。

①人格のない社団等に財産の遺贈があった場合

②持分の定めのない法人に財産の遺贈があった場合

③特定一般社団法人等の理事である者が死亡した場合

これは、一般社団法人等を利用して相続税を不当に免れることがある場合に、個人とみなして遺贈財産に対して相続税を課することとされています。

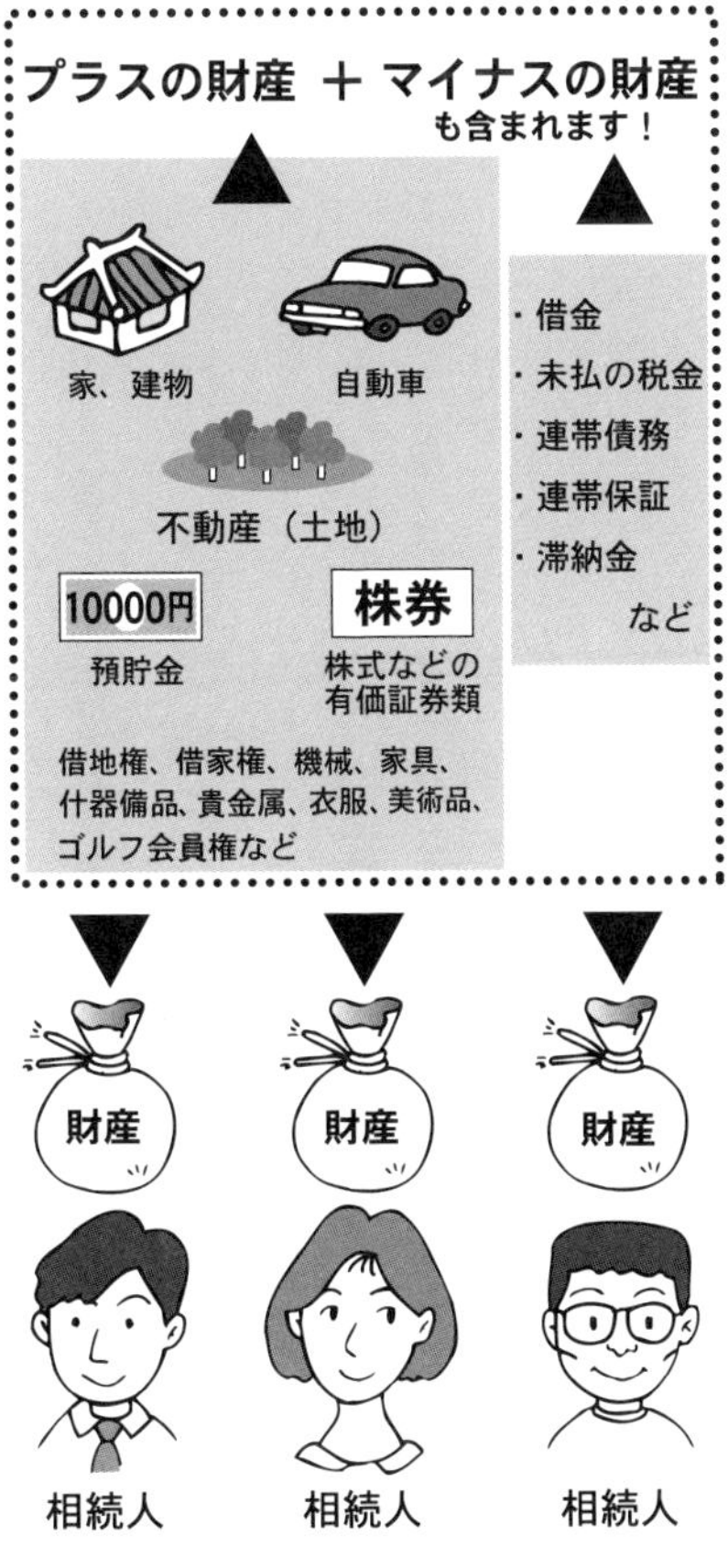

被相続人の全ての財産が相続人に引き継がれるのが相続です。

② 相続税はいつからかかるの？

相続税は死亡した時点(死亡日)で計算されます

相続は人の死亡によって開始します。相続の開始の時期は、被相続人が現実に死亡した瞬間であり、相続人が死亡を知っていたかどうかは問いません。従って、誰かが亡くなると同時に自動的に相続が開始し、相続税が計算されます。

相続とは、亡くなった人が所有していた全ての財産を受け継ぐということです。財産には、プラスの財産だけでなく、マイナスの財産である借金等も含まれています。相続対策の難しいところは、誰が先に亡くなるか正確には予測できないところです。高齢者が多い沖縄県においては、高齢の祖父母が数年後に亡くなることを想定して対策をするのが普通です。しかし、働き盛りの夫が亡くなることは、あまり想定されていません。特に、事業を展開している夫の相続が発生すると、相続人は、事業上の売掛債権・買掛債務・未払金・借入金等の債権債務関係の確認、または、連帯債務などの有無を調査し、事業を引き継ぐか否かの判断をしなければなりません。遺族は、悲しむ間もなく相続にかかわる様々な手続きに取りかからねばなりません。なお、死亡でなく行方不明のときは、最後に音信があった日を起点として、失踪期間が7年間になったときに、はじめて亡くなったとみなされます。この場合、行方不明者の夫や妻、相続することになる人などが家庭裁判所に申立てます。これを「失踪宣告」といいます。

対象は相続が開始された時点の財産

○月○日午後○時死亡
この時点で相続が開始される
相続が開始された時点の財産に対して相続税がかかる
生前に対策しておいたほうがいい

3 相続をしないこともできるの？

3カ月以内に相続放棄すべきか否かの決断が必要です

相続人は、相続の開始があったことを知った日から3カ月以内に「相続の承認」をするか、「相続放棄」それとも「限定承認」するかを決める必要があります。相続を承認することを「単純承認」といいます。プラス財産・マイナス財産（債権・債務）の全てを無制限に引き継ぐことを承認することです。プラスの財産よりマイナスの財産が多ければ、差し引きマイナスの財産を引き継ぐことになります。相続開始から3ヶ月間に何の手続きもしなければ自動的に単純承認をしたとみなされます。「限定承認」は、相続によって得た、プラスの財産の限度においてのみ、被相続人のマイナスの財産を弁済することを条件として相続を承認するものです。相続人は、家庭裁判所に申し立てて、全員で限定承認をすることが条件になります。一人だけで勝手に限定承認を選択することは認められません。

「相続放棄」は、相続開始を知ってから3カ月以内に、相続の放棄を家庭裁判所に届け出ます。相続人の一人だけでも単独で相続放棄を選ぶことができます。注意すべきことは、放棄をすると、その相続人は、いなかったものとして残りの相続人で遺産を分割しますが、第一順位の相続人全員が相続放棄をすると、第二順位の相続人・第三順位の相続人と次々と、相続人が移動していくことです。従って、先順位の相続人全員の相続放棄は、要注意となるわけです。

ただし、死亡保険金や一定の要件を満たす死亡退職金は「みなし相続財産」となるので、相続放棄をしても受け取ることができます。死亡保険金等は相続税もしくは所得税の「一時所得」として課税の対象になります。

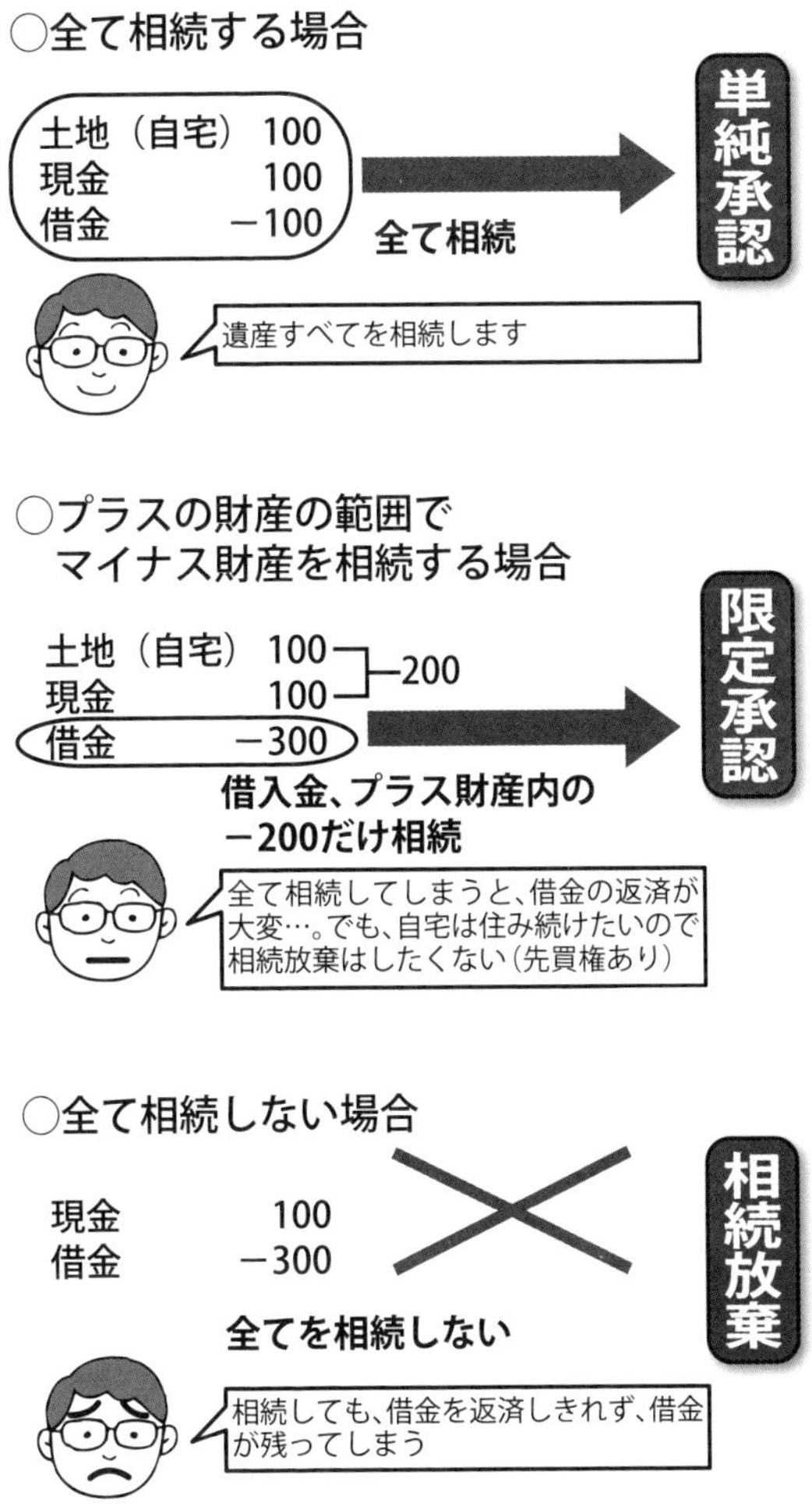

4 相続にはどんな対策があるの？

相続対策の3原則というけれど

相続対策の基本的な考え方は三つです。①遺産をどうやって分けるかを考える分割対策②相続税を誰がどうやって支払うか、そして納税資金をどうやって確保するかを考える納税対策、①と②を十分に考慮したうえで③相続税をどのくらい減らせるのかを考える納税対策です。①から③までを総称して相続対策の三原則と呼んでいます。

まず、分割対策は、相続人間の「相続（遺産）争い防止」がテーマとなっています。沖縄における相続問題の大半が、財産分けのトラブルです。相続人の話し合いがまとまらなければ、全ての遺産は未分割となり、相続人の共有となります。最悪の場合、相続税の支払いも被相続人の遺産をあてにすることができなくなり、実質的に財産が拘束されてしまいます。また、相続税の申告をするときにもさまざまなデメリットが発生します。相続について日頃からコミュニケーションをとっておくことが最も大切なことです。

相続財産のなかで不動産の割合が高いと、相続税を納めるための資金は不足しがちです。相続税の納付のために不動産を売却しようとしても、なかなか思う値段で買い手を探すのは、困難な状況です。延納や物納の方法もありますが、支払が続けられなくなったり、物納申請しても必ずしも許可されるとは限りません。不動産を物納しやすいように組み替えたり、処分して金融資産へ転化させたりすることが必要になります。

相続対策というと、すぐに相続税の節税対策を考えることが多いようです。しかし、沖縄県において相続税がかかる人の数は、年間死亡者のわずか７％（全国10％）にすぎません。ほとんどの人が節税対策は無縁な状況となっています。

相続対策の３原則

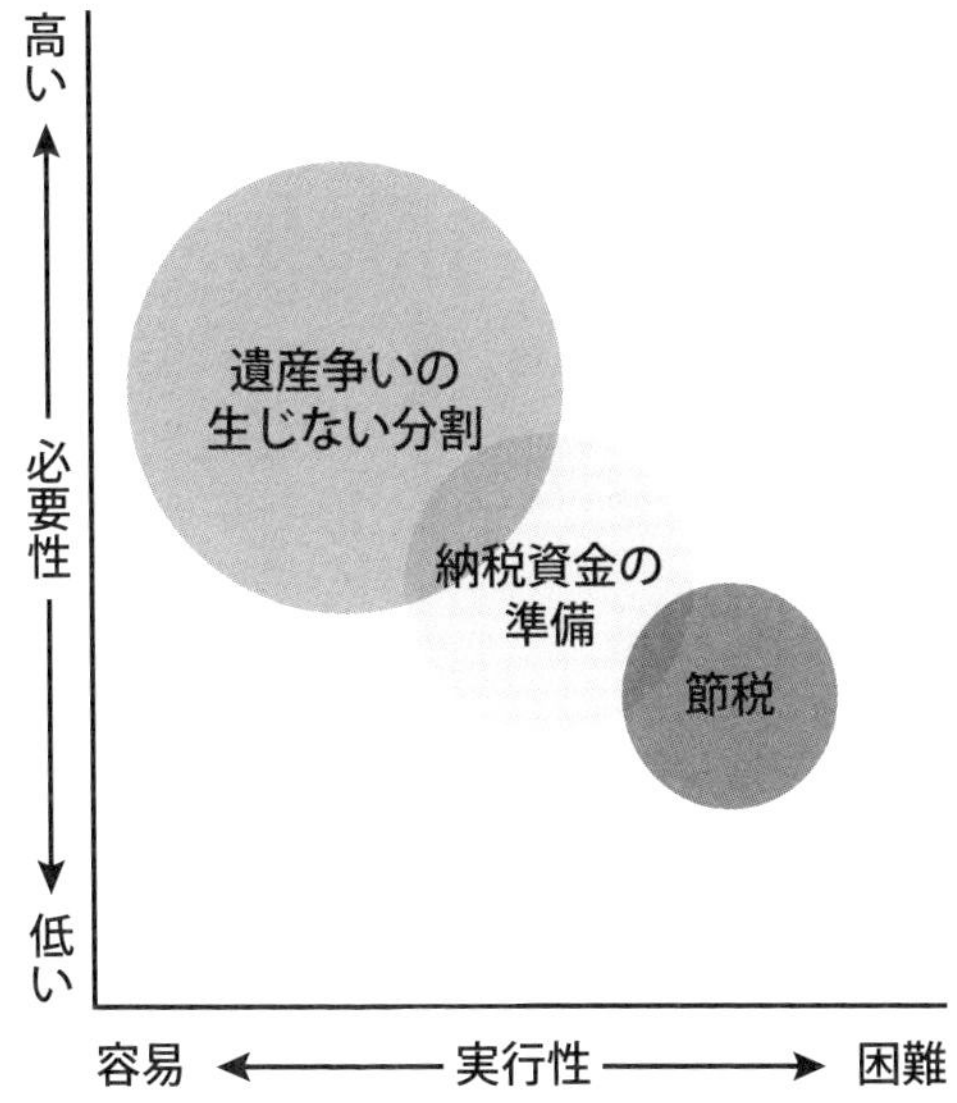

⑤ 相続税ってなんでかかってくるの？

よいかどうかは別ですが、富の再分配をはかっています

相続税とは、亡くなった人の財産を受け継いだ人にかかる税金です。誰がどれだけの財産を相続できるかは、民法に定められています。その相続によって取得した財産に対して、どれだけの税金がかかるかは「相続税法」に定められています。

ところで、財産を相続すると、なぜ税金（相続税）がかかるのでしょう。それには3つの理由があると言われています。

①富の過度の集中を抑制し、社会に再分配する。
②タダで得た不労所得に税金をかける。
③生前に受けた税制上の特典などによる負担の軽減を再点検する。

たとえば、土地を所有しているケースを考えてみますと、生前に土地を売却すると、所得税が課税されます。しかし、土地が値上がりしても売却しないでいる限りは、税金がかかりません。また、所得税の申告漏れがあったりして、財産が増えたかもしれません。そこで、生前に不足していた所得税を清算しようということです。また、大金持ちの子は生まれながらにして

大金持ちで、貧しい家に生まれた子は、生まれた時から経済上の不公平が生じているのが現状です。そこで、受け継いだ財産から税金を納付することにより、財産の再分配をしようというわけです。

「遺贈」や「死因贈与」の場合にも相続税がかかります

相続によって、財産を取得すると相続税がかかってくることは、誰でも知っていると思います。しかし、相続税は、相続によって財産を取得したときだけでなく、遺贈や死因贈与によって財産を取得したときにもかかってきます。

「遺贈」とは、遺言によって財産をもらうことをいいます。特に、遺言書のない相続の場合「法定相続人」しか相続をすることはできませんが、遺贈の場合は、アカの他人や法人（相続税ではなく、法人税がかかってきます）でも相続することができます。人の死亡によって財産が移転するため、相続と変わりないということから、相続税が課税されるわけです。

「死因贈与」とは、贈与する人と贈与を受ける人の契約に基づき、贈与する人の死亡によって効力を生ずる贈与です。これも人が死んでから財産の移転が生ずるという点では、死因贈与も遺贈も同じことです。これをわざわざ区別しているのは、遺贈の場合は遺言者が、一方的に「財産をあげます」と遺言で表明するだけなのに対して、死因贈与は、贈与者と受贈者が「あげます」「ではいただきます」といって両者合意のもとに交わされる契約だからです。なお、生前に贈与を受けた場合には、贈与税が課税されます。

相続　生前に財産を誰にあげるかを決めていない

遺贈　遺言書で財産を誰にあげるかを決めている

死因贈与　死亡を原因とする贈与

- 一般的には「相続」が多い
- 「遺贈」は10%程度
- 「死因贈与」は少ない

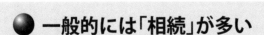

⑥ どれくらいの相続税がかかっているの？

相続財産から基礎控除をひいた分に相続税がかかります

相続税は、財産を相続したときに支払う税金ですが、誰にでも課税されるわけではありません。課税対象となる相続財産の総額（プラス財産－マイナス財産）が、相続税の基礎控除を上回った場合に課税されます。

相続税の基礎控除は

３０００万円＋（６００万円×法定相続人の数）

たとえば、夫が死んで妻と子供二人が残された場合の法定相続人は３人なので、基礎控除は４８００万円（３０００万円＋６００万円×３人）になります。この場合、相続する財産の総額が４８００万円以下ならば相続税を支払う必要がありません。

このように、基礎控除は法定相続人の人数に応じて金額がことなります。

基礎控除額

＝3,000 万円＋（600 万円 × 法定相続人の数）

例

法定相続人が3人（配偶者、子供2人）の場合

3,000 万円＋（600 万円 × 3 人）＝4,800 万円

つまり、相続財産が 4,800 万円までは相続税はかからない

超えた分

基礎控除額 ⇨ 相続税

基礎控除額を超えた分にだけ相続税はかかってくる

⑦ どんな財産に相続税がかかるの？

金銭に換算できるもの全てに相続税はかかります

相続税の対象となるものは、経済的価値に換算できる全てのものが含まれます。いわゆる「お金で売買できるもの（財産）にかかります」この相続税がかかる財産のことを「相続財産」といいます。「相続財産」の代表的なものは、現金・預貯金・家庭用動産（自家用車・絵画・宝石・テレビ等々）・国債・有価証券（株・投資信託など）・不動産（土地・家屋・借地権）・貸付金などです。

なお、お墓や、祭祀用財産等（トートーメー位牌）は課税の対象から外され、非課税となっています。

また、借金（債務）も相続財産になります。なぜなら、相続とは、被相続人の財産上の一切の権利・義務を引き継ぐことになるからです。

つまり、「プラスの財産」から「マイナスの財産」を引いた額に対して相続税がかかるのです。たとえば、プラスの財産（現預金・不動産）が3億円あってもマイナスの財産（銀行借入金）が2億円であれば、相続税の対象となる相続財産の額は、1億円になります。

相続税のかかる財産

プラスの財産

・現金
・預貯金
・不動産
・株式
・貴金属
・貸付金
・投資信託
・公社債
・借地権
・ゴルフ会員権
など

マイナスの財産

・借金
・未払金
・保証債務　など
（相続人が弁済するもの）

忘れないで
引いた額
プラスの
財産から
マイナスの
財産を

相続税のかかる相続財産額
＝プラスの財産－マイナスの財産

8 相続税がかからない財産はあるの？

お墓(墓地)・トートーメーなど、死亡弔慰金も一定額までなら非課税

●墓地や墓石、トートーメーなどは非課税

墓地、トートーメーなどには相続税はかかりません。これらの財産は、金銭的な価値を超越したものであることから相続税はかからないことになっています。ただし、商品や骨董品または投資の対象として持っていた場合には、相続税がかかります。これは、お金に換えることができるものであると考えられるからです。

●業務上の死亡などで支払われる死亡弔慰金も一定額まで非課税

業務上の死亡などで会社から支払われる死亡弔慰金などは、次の額までは非課税となります。

①業務上の死亡……賞与を除いた給与3年分

②業務上の死亡でない場合……賞与を除いた給与半年分

また、交通事故等により、心身に加えられた損害について支払われた損害賠償金は非課税になります。

墓地、仏壇、仏具など
(トートーメー)

葬式費用は？

相続財産から控除できるので実質非課税です。ただし、香典返戻品代は除きます。

死亡弔慰は？

一定額までは非課税

⑨ みなし相続財産ってなに？

生命保険金・死亡退職金にも相続税がかかってきます

生命保険金や死亡退職金のように、被相続人が死亡した後に相続人が受け取る財産のことを「みなし相続財産」といいます。その「みなし相続財産」は被相続人が生前に所有していた財産ではありませんが、実質的に相続や遺贈を受けるのと同様の効果があるものとされ、「相続財産としてみなす」ことになっています。

「みなし相続財産」に対して「本来の相続財産」とは、相続や遺贈によって取得した財産（被相続人が所有していた財産）で、非課税財産を除き、金銭に見積もることができる経済的価値のあるものです。例えば、預貯金・不動産・有価証券などで、著作権などの無体財産権もはいります。

一方、「みなし相続財産」には、生命保険金・死亡退職金・生命保険契約に関する権利・定期金に関する権利などがありますが、実際に課税される例として多いのは、生命保険金・死亡退職金です。ただし、生命保険金や死亡退職金には、非課税限度額があり、全額が相続財産になるわけではありません。つまり、その非課税限度額を超えた分が相続財産に加算されます。

- **生命保険金**
- **死亡退職金**
- **生命保険金契約に関する権利**

これら「みなし相続財産」にも相続税がかかる

生命保険金・死亡退職金の非課税限度額とは

非課税限度額は、生命保険金・死亡退職金ともに「500万円×法定相続人の数」で求められます。全ての相続人が受け取った保険金合計額がこの枠の中に納まっているのであれば相続税はかからないことになります。なお、法定相続人の数には、相続放棄した者も含まれます。

このように非課税限度額を計算して、その限度額を超える保険金がある場合、超えた部分が相続税の対象になります。

また、実子だけではなく養子についても法定相続人の数に含めることができますが、実子がいる場合は1名、実子がいない場合は2名までがこの数に算入できる対象となります。

小規模企業共済制度を利用する

個人事業主や小規模企業の役員が、第一線を引いた後の生活に備える「経営者用の退職金」です。

掛け金の全額が「小規模企業共済掛け金控除」として所得税控除となり、所得税・住民税の節税になります。共済金は、一括受け取りだと「退職金」、分割受け取りだと「公的年金等の雑所得」となります。退職金を受給しないまま相続が発生すると、死亡退職金として生命保険金の場合と同額の非課税限度額が適用されます。加入窓口は県内の金融機関、商工会等が取り扱っています。

生命保険金の非課税限度額の計算

生命保険金の非課税限度額
＝500 万円 × 法定相続人の数

例 生命保険金 5,0000 万円、法定相続人 3 人の場合

⇩

非課税限度額＝500 万円 ×3 人＝1,500 万円
相続財産になる額＝5,000 万円－1,500 万円
＝3,500 万円

⑩ 生前にもらった財産にも相続税がかかる！

相続開始前3年以内の贈与財産にも相続税がかかる

相続開始前3年以内に贈与された財産についても相続税がかかります。被相続人が死亡した日から遡って3年以内に贈与された財産は、相続財産と「みなす」ことになっているからです。例えば、被相続人が死亡した日の2年前に被相続人が1000万円の現金を贈与していた場合、その1000万円も相続財産に加算されます。

亡くなる日前3年以内にもらった財産は、亡くなった日には、被相続人の財産ではありません。では、なぜ相続財産になるのでしょうか。

理由は、相続税を安くし過ぎないためです。相続税を安くするためには、生前贈与が有効な方法です。生前贈与をすれば贈与税はかかりますが、贈与の方法を工夫すると贈与税を相続税より安くすることができます。つまり、被相続人があとわずかな命というときにあわてて、相続税を少しでも安くしようと、生前贈与をする場合があるようです。このような駆け込み的な生前贈与によって、相続税を安くすることがないように設けられたのがこの制度です。もちろん、贈与を受けたときに支払った贈与税額は、相続税から差し引くことができるので、二重に

相続開始前3年以内の贈与財産にも相続税がかかる

税金を納めるようなことはありません。ただし、この制度は、相続または遺贈により財産を取得した者のみに適用されるので、相続人になっていない孫などは、いくら多額の贈与を受けていても、贈与税を支払っていれば、相続財産に加算する必要がありません。

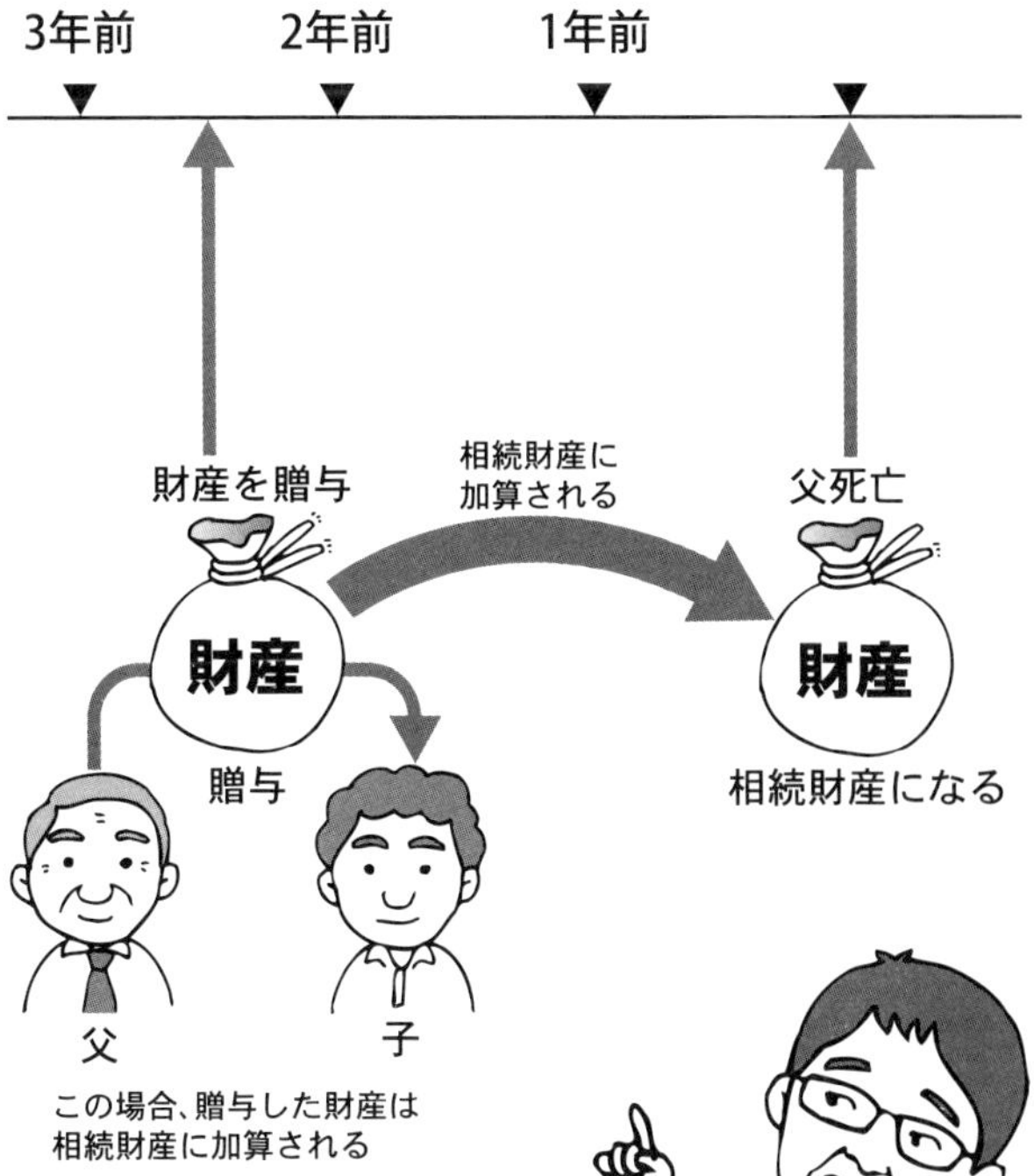

相続開始前3年以内に贈与された財産にも相続税がかかる

令和6年1月1日以降は相続の開始前7年以内に改正される。

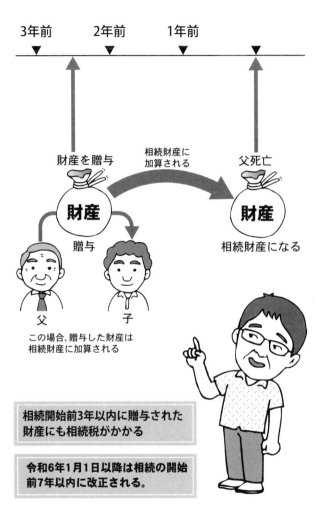

⑪ 贈与(税)って、何だろう?

財産をもらったときにかかる税金です

相続税を考える上で、贈与税は切っても切れない相互関係にあります。「贈与」とは、ある個人が自分の財産をタダで与えることを言います。贈与する人が、自分の財産をタダで与えるという意思表示をし、贈与を受ける人が承諾することにより贈与は成立します。相続によって財産を取得したときは、相続税がかかります。贈与は夫婦間や親子間で行われるのが普通ですから、贈与による財産の取得に対して税金がかからないとしたら、贈与を自由におこなって、相続税を納めなくても済むようになってしまいます。そこで、贈与が行われた場合には、贈与税を課税することによって、減少してしまう相続税額の補完をしようというわけです。従って、贈与税は相続税の補完税（相続逃れを防ぐのが贈与税）と呼ばれています。

贈与税は、相続税に比べて税率が高く、生前の親から子への財産移転を防ぐ役割を果たしています。

贈与の契約もしておらず、双方の明確な意思表示もないのに、贈与があったものとして、贈与税がかかってくる、いわゆる「もらったつもりもない」のに贈与税が課税される「みなし贈与」には充分、気を付けてください。

贈与税のかかる財産

- 贈与税のかかる財産
  - 本来の贈与財産
    - 土地や現預金など
  - みなし贈与財産
    - 信託受益権
    - 生命保険金 定期金
    - 低額譲渡受け
    - 債務免除など
    - その他の経済的利益
    - 同族会社への変則増資など
    - 親族間の無償の賃貸など

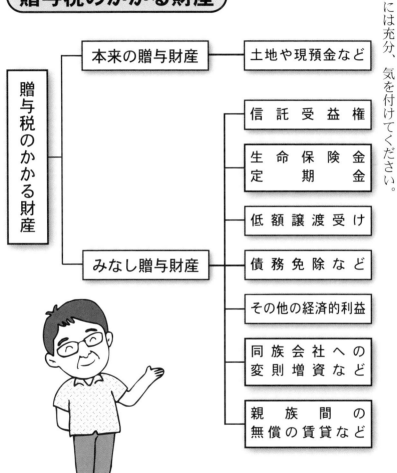

⑫ どれくらいの贈与税がかかるの！

1年間(暦年)で110万円超の贈与をすると贈与税がかかります

贈与税は、一年間に110万円の基礎控除額を超えて贈与を受けた人に対して課税されます。また、複数の人から贈与を受けた場合には、その合計額から110万円を超えた額が課税されます。1月1日から12月31日までの1年間に、110万円の贈与があれば贈与税が0円になります。つまり、1年間の贈与税が基礎控除額である110万円を超えた場合に贈与税がかかってくるということです。

たとえば、親から子に1000万円の現金を贈与した場合、1000万円から110万円（基礎控除）を引いた890万円に税率をかけて贈与税を計算します。贈与税は、もらった財産が多ければ多いほど税率が高くなる累進課税方式を採用しているので、一度にたくさんの財産を贈与すると贈与税が多額になり、相続税を減らすための生前贈与は意味がなくなります。なぜなら、贈与税のほうが相続税よりも税率が高くなっているからです。

従って、1年間に贈与税の基礎控除の範囲内、つまり110万円以内の金額を少しずつ子へ贈与していけば贈与税を支払わずに財産を親から子へ移転することができることになります。

この方法には注意が必要ですが、贈与の方法を工夫することによって節税にも使えます。

基礎控除額

1年間（1月1日～12月31日）に**110万円**

● 500万円の贈与があった場合

500万円－110万円（基礎控除額）

＝ 390万円

この額に対して
贈与税がかかる
私たちが贈与を
受けました

基礎控除額は贈与により財産をもらった人1人について年間　110万円

13

贈与税がかからない財産はある？

金銭に換算できる財産に贈与税はかかります

贈与税がかかる財産は、基本的には相続と同じようにお金で売買できる財産です。また、相続税に「みなし相続財産」があったように、贈与税にも「みなし贈与財産」があります。従って、相続税がかかる財産と贈与税がかかる財産は同じになります。しかし、贈与には、もらったつもりがないのに、贈与税がかかることもあるので注意する必要があります。

例えば、親子間または親族間で、不動産を売買する場合には、いくらで売買するか気を付けなければなりません。時価よりも低い価額で売買した場合には、安く売ってもらった人が、時価との差額を売った人から贈与されたものとみなされて、贈与税がかかります。

一方、財産の性質や社会常識、公益的配慮から、贈与によりもらった場合も、贈与税がかからないものがあります。

また、贈与は相続税を補完する税金なので、個人間の贈与のみに課税されます。ですから、法人から贈与された財産に贈与税は課税されません。これには、所得税が課税されることになります。

贈与税のかからない財産

①から⑦までは、相続税法の中に規定されているものであり、⑧から⑩は租税特別措置法の特例として非課税とされているもの、また⑪は、実務の取扱い上、非課税とされているものです。

贈与税の非課税財産

- ① 法人が受けた贈与財産
- ② 生活費や教育費に充てるための扶養義務者の贈与で通常必要なもの
- ③ 一定の要件に該当する公益事業者が取得した公益事業用財産
- ④ 特定公益信託で一定のものから交付される金品
- ⑤ 心身障害者扶養共済制度に基づく給付金の受給権
- ⑥ 公職選挙の候補者が受ける贈与財産
- ⑦ 特定障害者が受ける信託受益権で6,000万円までのもの
- ⑧ 直系尊属から贈与を受けた住宅取得等資金のうち一定額までの金額
- ⑨ 直系尊属から贈与を受けた教育資金で1,500万円までの金額
- ⑩ 直系尊属から贈与を受けた結婚・子育て資金で1,000万円までの金額
- ⑪ 香典、祝物、見舞金等で社交場必要と認められるもの

⑭ 相続時精算課税制度の基本的な仕組みは？

60歳以上の者から18歳以上の子・孫まで拡大されました

親や祖父母の世代はたくさんの金融商品や不動産を所有しています。相続を待たず、高齢者から若年世代への資産移転を促進し、消費の拡大、経済活性化を図る観点から、創設されたのが相続時精算課税制度です。

相続時精算課税制度は暦年課税との受贈者の選択によって適用が認められ、２５００万円までは無税、これを超える部分については一律20％の贈与税ですむという制度です。相続が発生した時に、その贈与を受けた財産と相続した財産とを合計した価額をもって相続税を計算します。支払った贈与税は相続税から控除し、控除しきれない贈与税は、還付されます。

●新しい相続時精算課税制度とは

２０２４年1月以降、適用される新しい相続時精算課税制度では、累計２５００万円までの特別控除とは別に年間１１０万円まで基礎控除（非課税枠）が認められます。１１０万円までの贈与なら、贈与税がかからず贈与税と相続税の申告も不要です。

●「年間110万円まで基礎控除」相続時精算課税制度と暦年課税制度の違い

暦年課税制度は年間110万円以下でも相続開始前7年以内（改正後）の贈与は生前贈与加算の対象になり、相続財産に加算します。一方で相続精算課税制度は年間110万円以下の贈与は期間に関係なく生前贈与加算の対象になりません。但し、年間110万円を超えたら贈与税の申告が必要となり、超えた部分に対しては生前贈与加算の対象になります。また、相続時精算課税制度を利用して贈与した土地は、小規模宅地等の特例が使えなくなります。生前に土地を贈与する場合は慎重に検討する必要があります。

●相続時精算課税制度を利用した子が贈与者よりも先に亡くなった場合

贈与した人が死亡する前に、その贈与につき精算課税を選択した者が死亡した時には、その受贈者の相続人が精算課税による権利と義務を引き継ぐことになります。しかし、精算課税を選択した受贈者が事業の失敗等でもらった財産を使い、なくしてしまった場合でも、受贈者の相続人は相続により、納税の権利と義務を承継することになります。従って、財産をもらわないのに相続税だけ負担しなくてはならないという厳しい制度です。このような場合には、受贈者の相続人は受贈者の相続の時に「相続の放棄」をすることが考えられます。

⑮ 住宅取得等資金の贈与の非課税枠

対象となる住宅用の家屋は、日本国内にあるものに限られます。

父母や祖父母などの直系尊属から贈与により、自己の居住の用に供する住宅用の家屋の新築、取得または増改築等の対価に充てるための金銭を取得した場合において、一定の要件を満たすときは、１０００万円の非課税限度額までの金額について、贈与税が非課税となります。

贈与の時期＼住宅用の家屋の種類	省エネ等住宅	左記以外の住宅
令和４年１月１日 令和５年12月31日	１０００万円	５００万円

※省エネ等住宅とは、省エネルギー性の高い住宅・耐震性の高い住宅・バリアフリー性の高い住宅のいずれかに該当する住宅のことをいいます。

受贈者の要件

①贈与を受けた時に贈与者の直系卑属（贈与者は受贈者の直系尊属）であること。（配偶者の父母（又は祖父母）は直系尊属には当たりませんが、養子縁組をしている場合には直系尊属に当たります）

②贈与を受けた年の1月1日において18歳以上であること。（令和4年3月31日以前の贈与場合は、20歳以上）等があります。

※この非課税制度適用後の残額には、暦年贈与にあっては（110万円）を適用することができ、また、相続時精算課税にあっては特別控除（2500万円）を適用することができます。

③合計所得金額が2000万円以下であることなど。

④「住宅用の家屋の新築」には、その新築とともにするその敷地の用に供される土地等または住宅の新築に先行してするその敷地の用に供されることとなる土地等の取得を含み、「住宅用の家屋の取得または増改築等」には、その住宅の取得または増改築等とともにするその敷地の用に供される土地等の取得を含みます。（住宅用の家屋は日本国内にあるものに限る）

16 金融資産贈与の注意点

生活費・教育資金・結婚・子育て資金の一括贈与とは？

●生活費や教育費の援助には贈与税はかからない

1．生活費や教育費等は原則として非課税

「扶養義務者」とは配偶者並びに直系血族及び兄弟姉妹等をいいますが、この扶養義務に基づき扶養義務者が子や孫等の必要最低限の、通常の社会常識の範囲で行われている限り、生活費又は教育費を負担しても贈与税はかかりません。したがって、父母・祖父母等に大学の入学金や授業料・家賃・ピアノ等の稽古事の月謝を直接支払っても贈与税はかからないのです。

2．贈与税がかかる場合

生活費や教育費は必要な都度、渡すことが必要です。授業料や家賃は直接支払うなど支払の工夫が必要となります。収入のない子や孫に対する援助ですから、まとめて子供等の口座に振り込むと、生活費や教育費以外の出費、例えば、車両の購入・株式の購入等に使われる可能性があります。その部分については贈与税が課税され、相続時に被相続人の名義預金として相続税が課税されることになります。

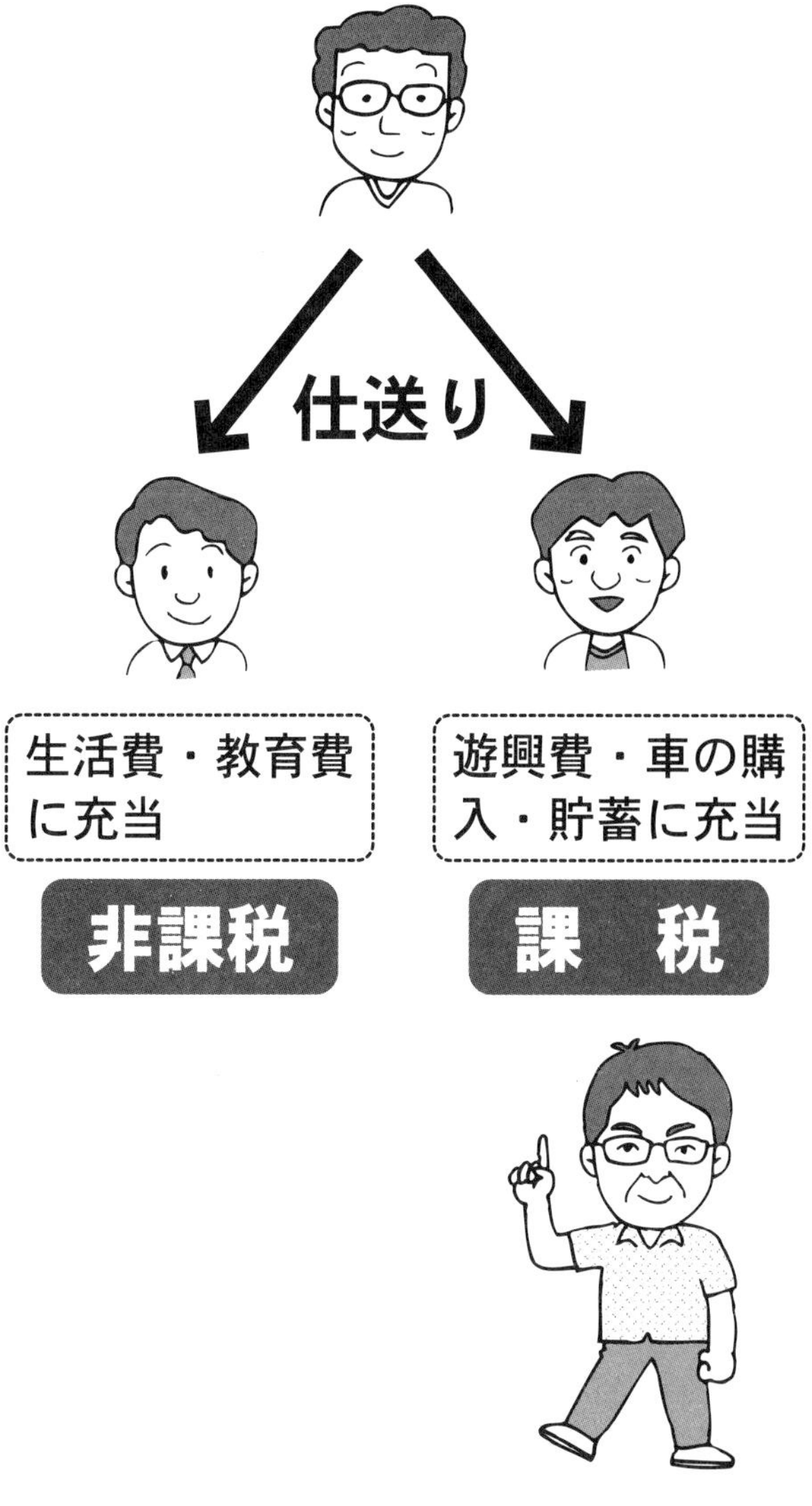

●教育資金の一括贈与に係る贈与税の非課税制度とは

1. 教育資金の一括贈与の非課税のあらまし

その都度、教育資金を贈与すると手間がかかり贈与される子や孫は安心して学業に努めることはできませんでした。そこで、平成31年3月31日までの期間限定で「教育資金の一括贈与に係る贈与税の非課税制度」が設けられました。その後税制期間が令和8年3月31日までとなりました。

この制度は、30歳未満の子・孫等の教育資金にあてるために、直系尊属である父母・祖父母等からの1500万円までの金額については贈与税が課税されないというものです。

ただし、学校等以外の者、塾等の学習・スポーツ・文化芸術活動・留学渡航費等については、500万円が非課税限度額とされています。

2. 手続きと30歳の終了時の贈与税課税について

この特例を受けるためには、県内の金融機関との「教育資金管理契約」が必要になります。引き出しについては、その都度、教育資金に充てたことを証明する領収書等を金融機関に提出する必要があります。ただし、30歳に達した場合、使い残しがあれば残高については贈与税が課税されます。

教育資金一括贈与をする場合の注意点

①余命があとどのくらいかの視点

子・孫が 30 歳になるまで(教育資金が必要にならなくなるまで)、生存していることが確実であれば、この制度は使わないで暦年贈与 110 万円の枠で教育資金贈与をすることも可能です。

②金融資産に余裕があるかどうか

老後の資金などを充分確保したうえで、それでも余裕がある場合に行うべきです。くれぐれも「贈与し過ぎ」には気を付けましょう。

③相続税の節税効果があるのか

この教育資金贈与を使う目的は「相続税の節税」です。節税効果に繋がらなければ、この制度の利用はすべきではありません。

●結婚・子育て資金の一括贈与に係る贈与税の非課税制度とは

1．結婚・子育て資金一括贈与の非課税制度のあらまし

少子化対策の一環として、18歳以上50歳未満の子・孫等の結婚・妊娠・出産・育児を支援するために、直系尊属から金銭等の贈与を受けた場合、期間限定（平成31年3月31日）で一人につき1000万円（結婚資金については300万円）までの金額については贈与税が課税されません。この制度を受けるためには、金融機関で「結婚・子育て資金管理契約」の締結が必要となります。その後、令和5年税制改正で更に2年間延長されました。

2．資金管理契約の終了及び贈与者の死亡

この非課税制度は、受贈者が50歳に達した場合や贈与者の死亡した場合に終了します。残高については受贈者が50歳に達した日に贈与があったものとして、贈与税が課税されます。贈与者が死亡した場合には、贈与者の死亡に係る相続税の課税価格に加算されます。

やりすぎ・いそぎすぎは「老後破綻」を招く

経済状況や社会不安が囁かれている日本、「人生 100 年時代」の世相を反映して、生前贈与のし過ぎで老後の蓄えが不足し「老後破綻」へ繋がる懸念も発生しています。そこで、注意が必要と思われる生前贈与をまとめてみました。

注意が必要	選択肢のひとつ
暦年贈与	死亡前 3 年の贈与は加算される。将来的に 7 年、10 年、15 年に延長されると考えられるため、必要に応じて生活費に含めて少額を渡す。
住宅を夫婦の共有名義にする	夫が亡くなってから妻名義に変更しても、配偶者控除の枠内（1 億 6000 万円）であれば相続税がかからない。
自宅を子供名義に変更	夫が亡くなってから妻が住む家がなくなってしまうこともあるので、相続が発生してから名義変更をする。
自宅取得等の資金の贈与	後からお金が必要なこともあるので、高額援助は控える。生活援助として少なめに分散して渡す。
教育資金一括贈与	学費はそのつど、子や孫の口座に振り込み、贈与税の課税対象にならないようにする。
自社株の生前贈与	株式を相続人の間で分散すると企業経営に支障がでてくる。 事業承継者も一人前になるまでは、「株式分離信託（経営権と所有権の分離）」を活用する。

17 配偶者保護のための制度とは

生存配偶者の生活保障をするため配偶者居住権が創設されました

●配偶者短期居住権

配偶者短期居住権はあくまで遺産分割が確定するまでの暫定的な権利であり、仮に配偶者が住宅の所有権を相続できなくても、一定期間（6か月）、無償で住み続けることが可能になります。配偶者居住権は相続による配偶者の権利ですが、生前贈与（贈与税の配偶者控除）でも結婚20年以上の夫婦であれば、同様の権利を得ることができます。

●配偶者居住権

配偶者居住権を活用すると、夫を亡くした妻は自宅に住み続ける権利を手に入れ、息子は配偶者居住権のついた自宅の所有権を得ます。そうすることで、妻は住む場所を確保できるようになります。平均寿命の長期化により、夫婦のいずれかが亡くなったあと、残された配偶者が一人で長期間生活することが増えました。しかし、配偶者居住権を設定しても、夫の相続税対策にはなりません。

相続財産 4,000 万円
相続人（妻・子）
自宅
2,000万円
現金
2,000万円
現行
妻
自宅
2,000万円
子
現金
2,000万円
妻は現金がなく生活に支障をきたす
配偶者居住権を設定
妻
現金
500万円
配偶者住居権
1,500万円
・無償で居住することができる
・登記で第三者に対抗できる
子
現金
1,500万円
所有権
500万円
・安定した住居と現金の確保
・二次相続対策ができる

●配偶者居住権は二次相続対策になる

配偶者居住権の設定により、所有権と居住権に分離することができます。前頁の例で配偶者が亡くなると、配偶者居住権は消滅してもとの所有権に戻るため、一次相続では５００万円だった所有権が２０００万円になります。ただし、差額の１５００万円は相続による取得とみなされず、相続税も課税されないため、二次相続の課税額は１５００万円分低くなります。

配偶者居住権と二次相続

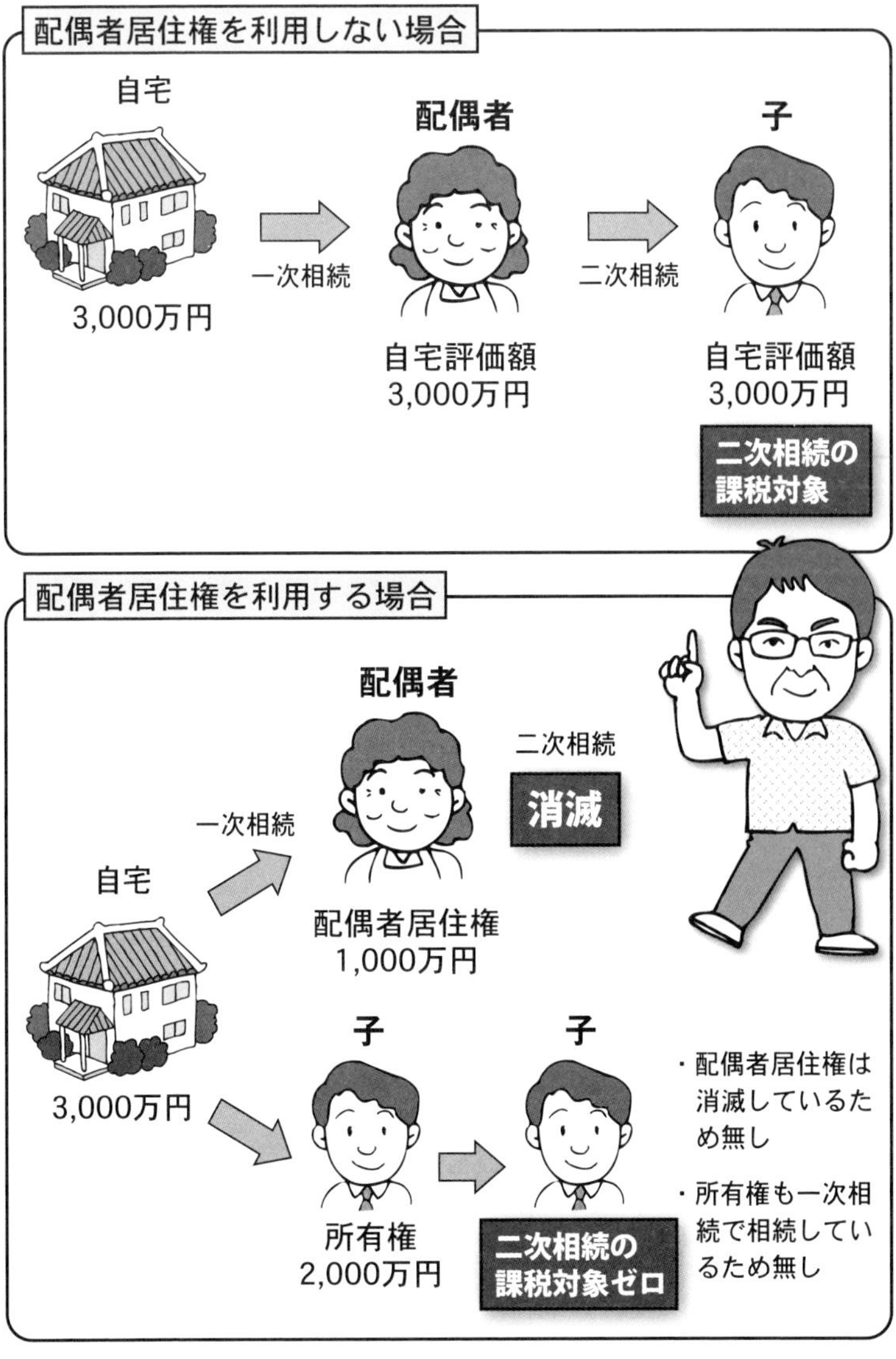
配偶者居住権を利用しない場合
自宅
3,000万円
一次相続
配偶者
自宅評価額
3,000万円
二次相続
子
自宅評価額
3,000万円
二次相続の課税対象
配偶者居住権を利用する場合
自宅
3,000万円
一次相続
配偶者
配偶者居住権
1,000万円
二次相続
消滅
子
所有権
2,000万円
子
二次相続の課税対象ゼロ
・配偶者居住権は消滅しているため無し
・所有権も一次相続で相続しているため無し

18 相続税・贈与税の税率は何％？

相続税率より贈与税率は高いため、「贈与税は高い」「相続税は安い」というイメージを持つ人が多い…

●相続税と贈与税は税率の比較だけではどちらが高いか判断できない

相続税と贈与税の税率の違いを比較すると、同じ財産であれば圧倒的に贈与税の方が相続税よりも税率が高いことがわかります。しかし、贈与税には非課税になる特例を活用することで相続より税金面でお得になる場合があります。一方、相続税にも税額を軽減する特例があり、相続と贈与どちらを選ぶべきかについては税率だけでなく、特例を適用できるかなど、状況に応じた適切な判断が必要です。

●相続税を減額する特例や控除

①小規模宅地の特例　②配偶者の税額軽減　③贈与税額控除・相続時精算課税制度による贈与税額の控除　④納税猶予の特例　⑤その他の特例や控除・未成年者税額控除・障害者税額控除・数次相続控除

相続税・贈与税の速算表

■相続税の速算表

法定相続人の取得金額	税率	控除額
1,000万円以下	10%	―
3,000万円以下	15%	50万円
5,000万円以下	20%	200万円
1億円以下	30%	700万円
2億円以下	40%	1700万円
3億円以下	45%	2700万円
6億円以下	50%	4200万円
6億円超	55%	7200万円

※適用時期＝平成 27 年 1 月 1 日以後の相続・遺贈により取得する財産に係る相続税

■暦年贈与に係る贈与税の速算表 I

（18 歳以上の者が直系尊属から贈与を受けた財産に係るもの）（特例税率）

基礎控除後の課税価格	税率	控除額
200万円以下	10%	―
400万円以下	15%	10万円
600万円以下	20%	30万円
1,000万円以下	30%	90万円
1,500万円以下	40%	190万円
3,000万円以下	45%	265万円
4,500万円以下	50%	415万円
4,500万円超	55%	640万円

※適用時期＝令和 4 年 4 月 1 日以後の贈与財産に係る贈与税

■暦年贈与に係る贈与税の速算表 II

（上記以外の贈与財産に係るもの）（一般税率）

基礎控除後の課税価格	税率	控除額
200万円以下	10%	―
300万円以下	15%	10万円
400万円以下	20%	25万円
600万円以下	30%	65万円
1,000万円以下	40%	125万円
1,500万円以下	45%	175万円
3,000万円以下	50%	250万円
3,000万円超	55%	400万円

※適用時期＝平成23年1月1日以後の贈与財産に係る贈与税

■相続時精算課税制度に係る贈与税の速算表

特別控除後の課税価格	税率	控除額
一律	20%	―

●贈与税を減額する特例や控除

①住宅取得資金等の特例　②教育資金一括贈与　③結婚・子育て資金の一括贈与　④相続時精算課税制度　⑤贈与税の配偶者控除

第3章

相続税のしくみと計算方法を理解しよう！

●意外と誤解している相続税のしくみと計算方法をやさしく説明します。

①

相続税は誰が払うの？

「法定相続人」か「遺言書に書かれている人」が払います

●財産を取得（相続）した人が、相続税を支払う

各相続人に遺産を分配することを「遺産の分配」といいます。遺産の分配は、相続財産の種類、性質、各相続人の年齢、職業、その他一切の事情を考慮して決めることになっています。遺言書があれば、それに従って遺産の分割を行います。第2章で述べたように、相続税がかかってくるのは①相続②遺贈③死因贈与の3つのケースです。これらのケースにより、「財産を取得（相続）した人」が、相続税を支払う義務があります。

●遺言書の有無で財産を相続する人が決まる

また、遺言書がない場合には、被相続人の家族にあたる法定相続人が、財産を相続することになります。法定相続分どおりに分割する必要はなく、法定相続人の全員が納得すれば、どのように分割してもかまいません。

なお、家族信託は、遺言書に優先することになっていますが、家族信託の主たる目的は、認知症になる前に、財産の管理や処分を家族に任せられるようにしておくことです。家族信託をすれば遺言書に書く必要はありませんが、受益者が死亡すると受益権は相続財産となり、相続税の課税対象となります。遺産の全てを信託財産にすることはできません。従って、家族信託をして、さらに遺言書も書いておくことをお勧めします。

遺言書がある場合

⇒ 遺言書に書いてある人が財産を相続する

遺言書がない場合

⇒ 法定相続人が話し合って財産を相続する

相続税は財産を相続した人が払う

②

法定相続人とは誰のこと？

法定相続人の範囲と優先順位は民法で決められている

相続とは、「被相続人の財産に属する一切の権利と義務、債権や債務を相続人が受け継ぐこと」です。（沖縄県においては、慣習により相続人以外の人が相続財産付きのトートーメー（位牌）を承継することがあります……詳しくは第1章で）

法定相続人とは「被相続人の債権や債務を引き受け、引き継ぐ権利と義務のある人」で、その法定相続人になれる人は、民法で定められています。

法定相続人には、第一順位から第三順位まで順位が定められており、上位の順位者がいるときは下位の順位者は相続人になれません。優先順位は、第一順位＝子供（直系卑属）、第二順位＝父母（直系尊属）、第三順位＝兄弟姉妹です。

ただし、配偶者は特別な立場にいるのでいつでも相続人になります。配偶者は、他の法定相続人がいてもいなくても常に相続人になります。

法定相続人の範囲と優先順位

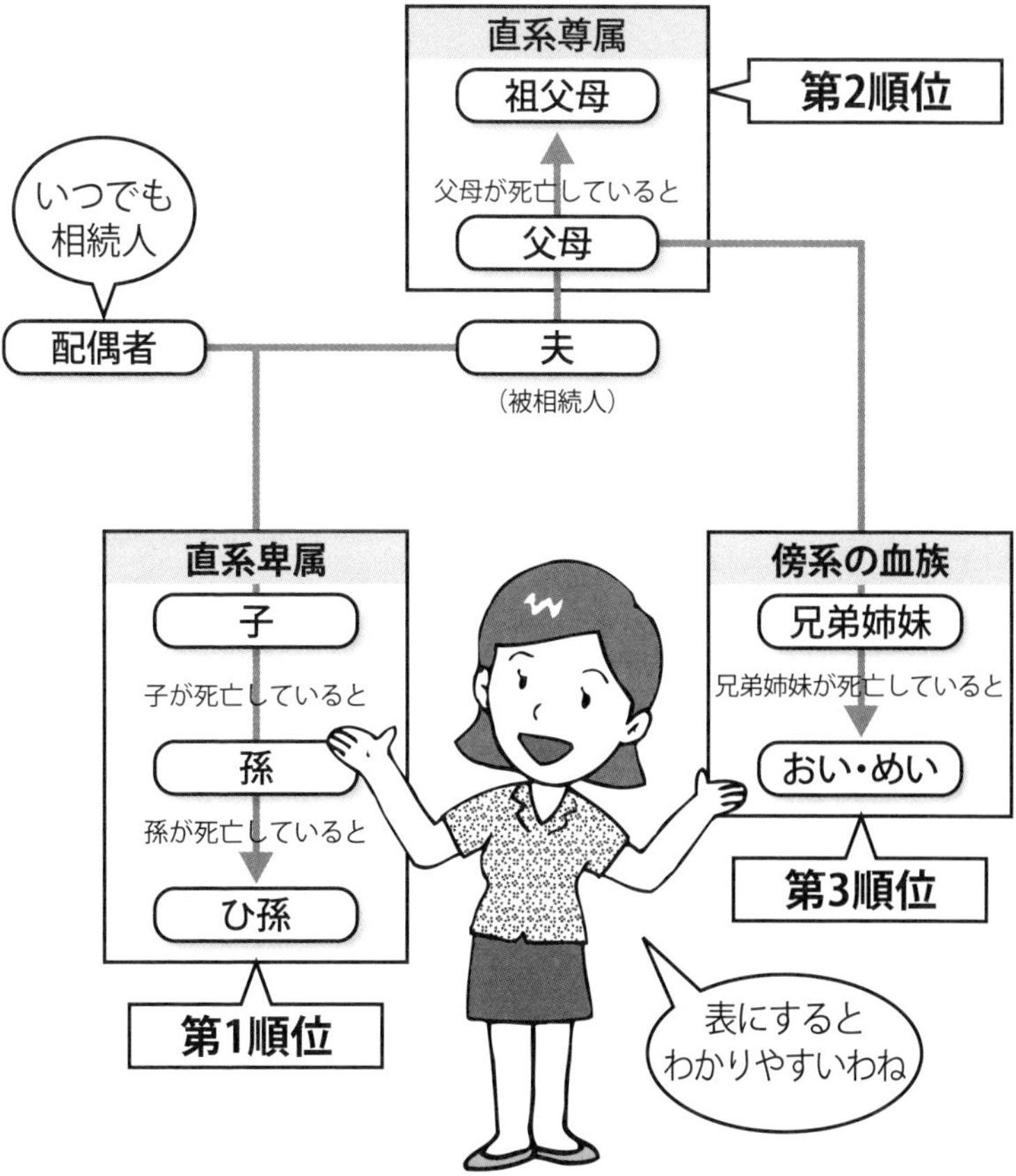

配偶者はいつも相続人
配偶者以外は優先順位の高い相続人のみが相続人になる（違う順位の相続人が同時に相続人になることはない）

3 隠し子、連れ子、胎児、内縁の妻や夫、養子などは相続人になれるの？

配偶者以外は血縁関係になければ法定相続人になれません

●配偶者以外では、血のつながりがない者は法定相続人になれない

法定相続人になれるのは、配偶者以外では、基本的には血のつながりがある家族に限られます。ですから、内縁の妻や夫、配偶者の連れ子などの血のつながりがない者は法定相続人になることはできません。ただし、血のつながりがあっても、愛人の子は認知されなければ相続人になれません。また、胎児については、民法は「胎児は、相続については既に生まれたものとみなす」と定められています。胎児がいるのに、胎児を無視して遺産分割がなされても、胎児が無事に生まれた場合には、遺産分割のやり直しをしなければなりません。

●養子は法定相続人になれます

養子は、養子縁組の日から実子と同じ身分になるので法定相続人になれます。つまり、養子縁組をすれば連れ子なども法定相続人になれるということです。

養子縁組は市町村役場に「養子縁組届」を提出すればすぐにできる手続きです。しかし、法

定相続人の数を増やし、過度の節税対策に走らないように、税法上規制が設けられています。

①実子がいる場合には、養子のうち1人を法定相続人の数に含める

②実子がいない場合は、養子のうち2人までを法定相続人の数に含める

ただし、この規定は実際の養子の数まで制限するものではありません。

養子　○

ただし、税務上法定相続人になれる養子の数には制限があります。

・実子がいる場合………1人まで
・実子がいない場合……2人まで

内縁の妻や夫　×

愛人(内縁)関係によって生まれた子で認知した子　○

配偶者の連れ子　×

胎児　○

義理の父母、義理の兄弟姉妹　×

配偶者と養子以外は血縁関係にいないと法定相続人にはなれません

④ 法定相続人はどれぐらい貰えるの？

法定相続人の法定相続分は民法で決められている

●遺産分割の目安になる法定相続分

相続が発生した場合、誰がどの位の遺産を相続できるかという割合は、民法で定められています。民法が定めている各相続人の法定相続分の基本パターンは主に次の3つに分けられます。

①配偶者と子が相続人

②配偶者と直系尊属（両親、祖父母）が相続人

③配偶者と兄弟姉妹が相続人

しかし、民法に定めている法定相続分で必ず遺産分割をしなくてはいけないというわけではありません。遺産分割は、基本的には相続人同士の話し合いで全員が納得すれば、どのように分割してもかまいません。あくまでも法定相続分は、相続税額を求めるときと、相続人同士の話し合いで、合意できない場合の法律上の目安なのです。

法定相続人が配偶者と子

→配偶者 $\frac{1}{2}$　子供 $\frac{1}{2}$

法定相続人が配偶者と父母

→配偶者 $\frac{2}{3}$　父母 $\frac{1}{3}$

法定相続人が配偶者と兄弟姉妹

→配偶者 $\frac{3}{4}$　兄弟姉妹 $\frac{1}{4}$

例1　配偶者と子供2人が法定相続人の場合

例2　配偶者と父母が法定相続人の場合

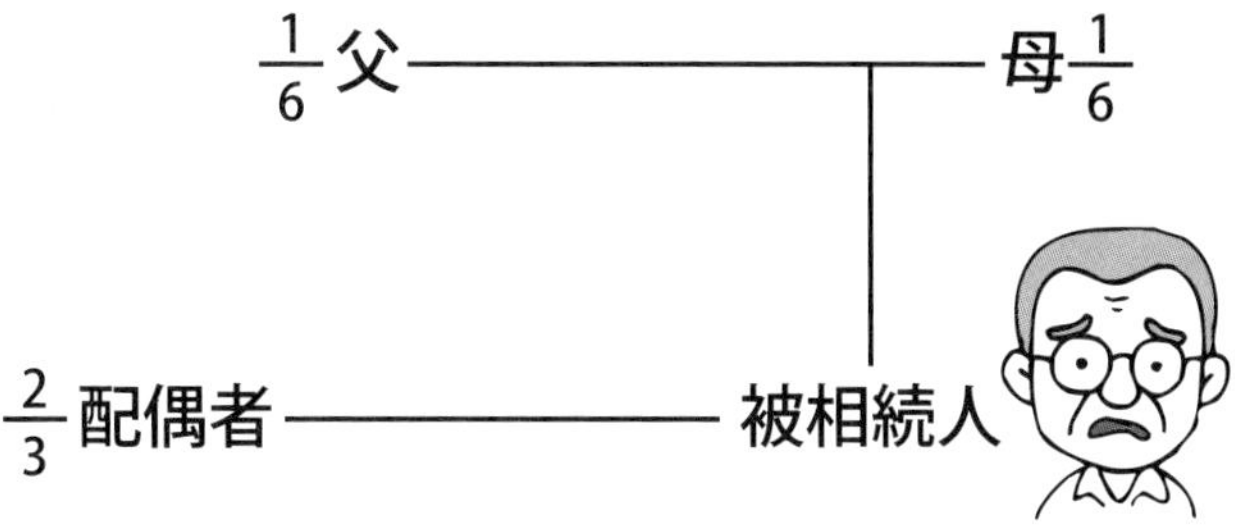

●法定相続人及び法定相続分の詳細

基本的には、法定相続分を計算するとき、まず配偶者の取り分を計算してから、残りを同順位の法定相続人で等分することになります。

各法定相続人の取り分は次のようになります。

①相続人が配偶者と子（直系卑属）……配偶者2分の1　直系卑属2分の1

②相続人が配偶者と父母（直系尊属）……配偶者3分の2　直系尊属3分の1

③相続人が配偶者と兄弟姉妹……配偶者4分の3　兄弟姉妹4分の1

たとえば、法定相続人が配偶者と子2人だった場合を考えてみましょう。

まず、例1のケースにあたるので配偶者の取り分は2分の1で、残りの2分の1を二人の子で分けることになるので、子一人の取り分は4分の1になります。

・子（直系卑属）が先に死亡している場合は孫が、その孫も先に死亡している場合は、ひ孫が相続人になります（代襲相続という）

・兄弟姉妹が先に死亡している場合は、甥・姪が相続人になります（代襲相続という）

●婚外（法律上の婚姻関係がない場合）子の相続分について

平成25年12月5日の民法の一部改正により、婚外子の相続分も他の子供達と平等になりました。ただし、平等になるのは平成13年7月1日以降に発生した相続に限られます。また、既に遺産分割が終了している場合は、適用されません。

例3 配偶者と兄弟2人が法定相続人の場合

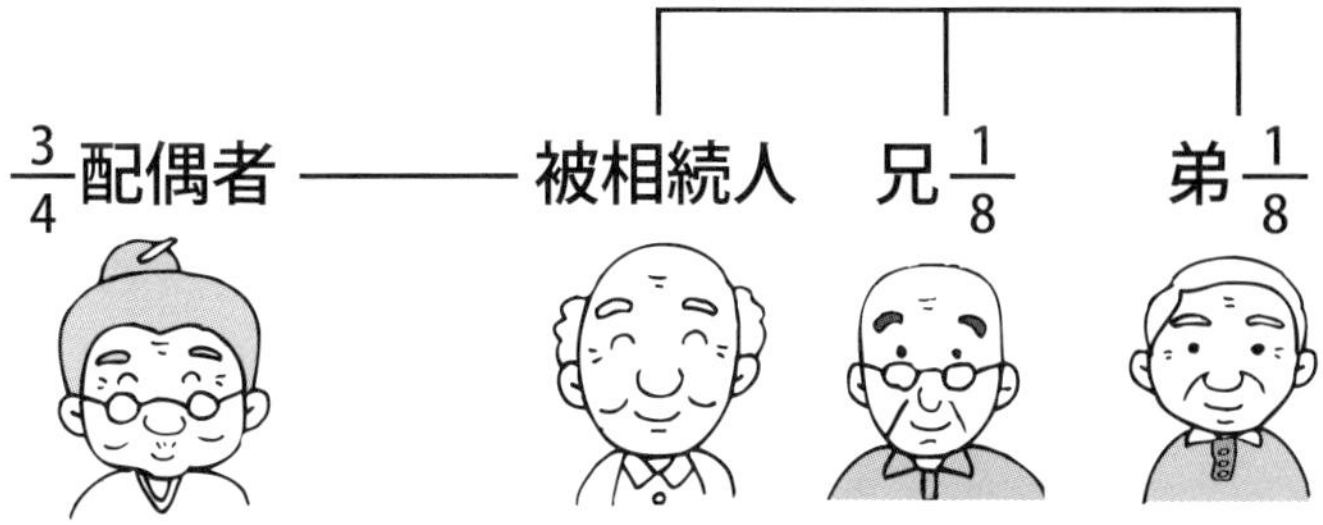

例4 被相続人に後妻との間に2人、先妻との間に2人の子供がいた場合

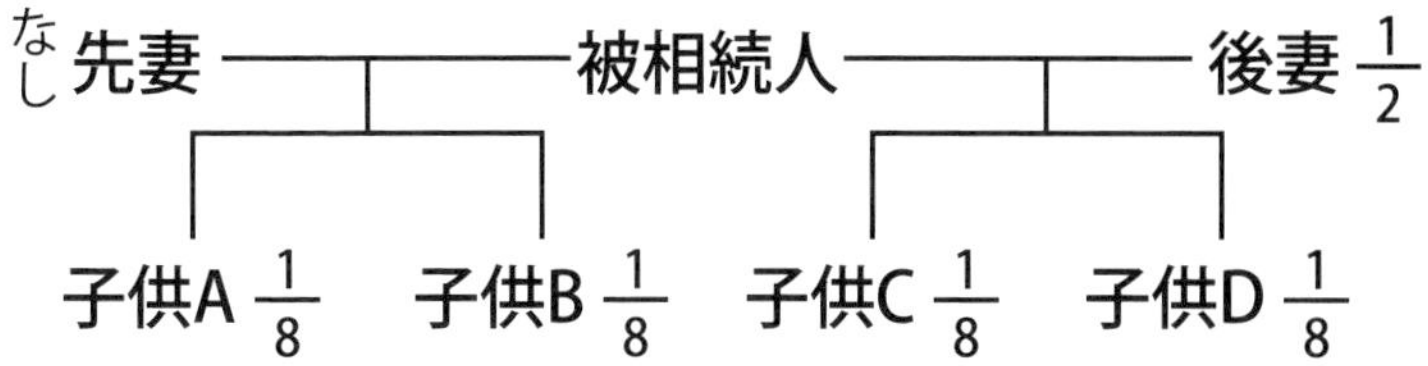

例5 被相続人が養子で、法定相続人が配偶者、養父母、実父母の場合

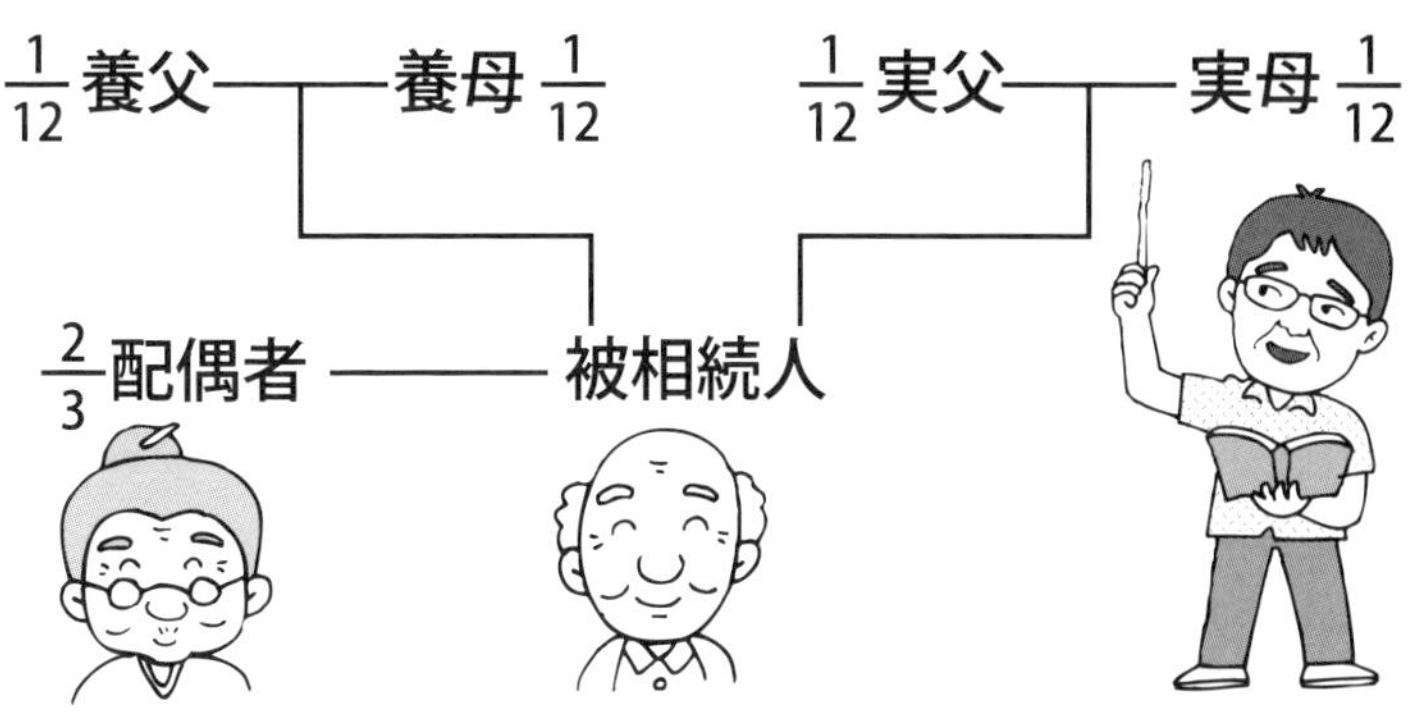

⑤ 「寄与分」、「特別受益分」ってなんだろう？

遺産分割にあたって「寄与分」「特別受益分」を配慮しなければならない

●被相続人の財産の維持・増加に貢献したら「寄与分」がもらえる

寄与分とは、被相続人の財産を維持するために特別の貢献をした人、例えば、①被相続人の事業に関する労働の提供、②被相続人の事業に関する財産の給付、③被相続人の療養看護、④その他の方法で被相続人の財産の維持、形成に努力した相続人に、通常よりも多い財産を相続することを認める制度です。ただし、この制度は、法定相続人に限られるので、嫁や内縁の妻・夫は、いくら貢献しても適用できません。特に注意すべきことは、妻の通常の家事労働や妻としての夫に対する療養看護などは寄与となりません。③の療養看護とは、被相続人が付き添いなどの費用を免れ、財産が維持されるという財産上の効果をもたらすような貢献をした場合にのみ認められます。しかし、遺言がなければ法定相続人以外の人が、貢献分を主張できないということではありません。内縁の妻が被相続人と一緒に商売をやってきて貢献したという場合、内縁の妻は、相続財産の中に自分の持ち分があると主張して共有物分割請求をし、これを相続人が認めない場合は、訴訟で争うことになります。

相続財産……2億円
法定相続人…妻、子供A（寄与者）、子供B
寄与分………子供Aに4,000万円

ステップ1

相続財産から寄与分をマイナスした分を法定相続分通りに分ける

2億円－4,000万円（寄与分）＝1億6,000万円

配偶者……1億6,000万円× $\frac{1}{2}$ ＝8,000万円

子供Ａ……1億6,000万円× $\frac{1}{2}$ × $\frac{1}{2}$ ＝4,000万円

子供Ｂ……1億6,000万円× $\frac{1}{2}$ × $\frac{1}{2}$ ＝4,000万円

ステップ2

寄与分を子供Ａにプラスする

子供Ａの相続分……4,000万円＋4,000万円（寄与分）
＝8,000万円

子供Ｂの相続分……4,000万円

配偶者の相続分……8,000万円

●相続人以外の親族の貢献を「特別寄与者」として評価できる制度の創設

これまでの寄与分制度は、「共同相続人中に、……被相続人の療養看護その他の方法により被相続人の財産の維持又は増加について特別の寄与をした」場合にのみ認められています。つまり、相続人の配偶者（嫁や婿）は、養子縁組をしていない限り相続人ではないため、いくら介護等をしても寄与分として相続財産をもらうことはできませんでした。これに対しては、実際に介護等の主体となっているのは相続人の配偶者等であることも多いため不公平であるという問題も起きていました。このため相続法改正では相続人以外の親族の寄与を評価できる制度（特別寄与者）が創設されています。

また、嫁等の養子縁組に抵抗がある場合には、「家族信託」で嫁等の生活を保障することも可能となっています。

●生前の資金援助などは「特別受益分」になる

「特別受益分」とは「寄与分」とは反対で、生前に被相続人から、結婚するために特別に持参金をもらった（通常の結納金や挙式費用は含まれない）、営業資金を出してもらった、マイホーム新築のための資金や土地をもらった、といった援助を受けていた場合の援助分をいいます。特別受益分がある場合には、相続開始時の財産に、その贈与財産を加えたものを相続財産とみなすことになっています。ただし、被相続人が特別受益分の贈与財産を相続財産に加えないという意思を表示している場合には、その意思に従うことになります。なお、その意思表示は、生前になされても、遺言によってもかまいません。

「特別受益分」も「寄与分」と同様に相続人の間の不公平感をなくすために認められているのです。

特別受益分がある場合の法定相続分の計算

相続財産……2億円
法定相続人…妻、子供A、子供B
特別受益分…子供Aに4,000万円

ステップ1

特別受益分をプラスした相続財産を法定相続分通りに分ける

2億円＋4,000万円（特別受益分）＝2億4,000万円

配偶者……2億4,000万円×$\frac{1}{2}$＝1億2,000万円

子供Ａ……2億4,000万円×$\frac{1}{2}$×$\frac{1}{2}$＝6,000万円

子供Ｂ……2億4,000万円×$\frac{1}{2}$×$\frac{1}{2}$＝6,000万円

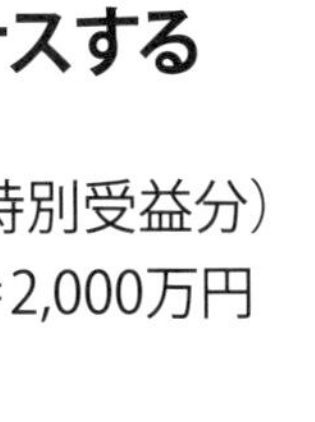

ステップ2

特別受益分を子供Aからマイナスする

子供Ａの相続分……6,000万円
－4,000万円（特別受益分）
＝2,000万円

子供Ｂの相続分……6,000万円

配偶者の相続分……1億2,000万円

⑥ 相続人以外の人に全財産がいく場合があるの？

相続人には最低限の財産は保証されます

●身内や家族以外に全財産がいく可能性がある

遺言をすれば、法定相続分に優先して、財産を自由に分割して分け与えることができます。被相続人がどのような処分をしても自由であり、全財産を他人に遺贈しても許されるはずです。

しかし、遺言によっては、「全財産を公共事業に寄付する」「次女に全財産を与える」「全財産を特殊利害関係者に遺贈する」「長男に遺産を相続させない」といったことがあると、財産をもらえなかった相続人の間で、不公平を招きます。被相続人に頼り生計を立てていた家族は、窮地に立たされてしまいます。

そこで、「遺留分」という制度を設けて、相続人の権利を保護しています。遺留分とは、どんな遺言があったとしても、相続人が最低限相続できる財産の割合のことです。この遺留分は、たとえ被相続人であっても自由に処分できないことになっています。

●遺留分制度の見直し

これまで、相続人が遺留分減殺請求を行う場合は、遺留分権利者として全ての贈与不動産について、受贈者の了解なくして一方的に「遺留分登記」を行うことが可能となっていました。

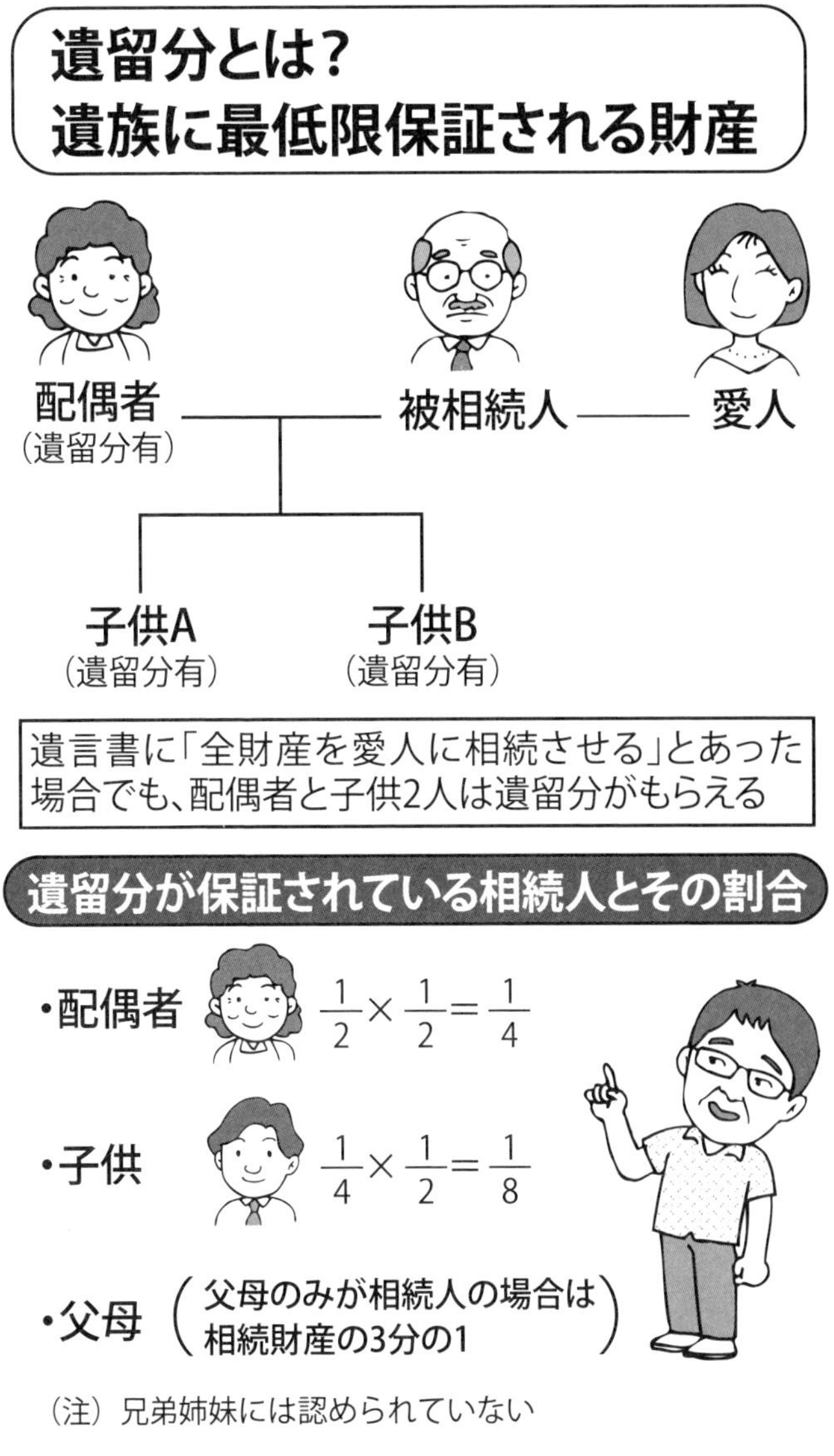
遺留分とは？
遺族に最低限保証される財産
配偶者
（遺留分有）
被相続人
愛人
子供A
（遺留分有）
子供B
（遺留分有）
遺言書に「全財産を愛人に相続させる」とあった場合でも、配偶者と子供2人は遺留分がもらえる
遺留分が保証されている相続人とその割合
・配偶者 $\frac{1}{2}\times\frac{1}{2}=\frac{1}{4}$
・子供 $\frac{1}{4}\times\frac{1}{2}=\frac{1}{8}$
・父母（父母のみが相続人の場合は相続財産の3分の1）
（注）兄弟姉妹には認められていない

例外として現物ではなく金銭で遺留分減殺請求に応じることを希望したのみ金銭請求として扱われることになっていました。遺留分登記ができることが原因で紛争がおきるケースも見られるため、相続法改正により、遺留分減殺請求は原則として遺留分侵害額請求権として金銭による代償請求となりました。

また、生前贈与等は、特別受益に該当すれば年数の制限なく遺留分の算定基礎財産に持ち戻されることになっていましたが、相続法改正で、原則10年以内のものに限ると法改正が行われました。

●兄弟姉妹には遺留分がありません

遺留分があるのは、配偶者・直系卑属・直系尊属だけで兄弟姉妹にはありません。従って、相続人が配偶者と兄弟姉妹だけのとき、遺言で「全財産を妻に渡す」とすれば、兄弟姉妹はなんの権利も主張することはできません。

遺言による相続分の指定や遺贈の内容が、遺留分に満たない場合、つまり、遺留分を侵害されたときは、その侵害された範囲内で財産を取り戻すことができます。しかし、財産の取り戻しは請求（減殺請求をしたい遺留分権利者は、各人請求しなければならない）しないと認められません。この請求を「遺留分侵害額請求」といいます。遺留分を計算する場合の基準は、相続財産だけでなく、相続開始前1年以内の贈与された財産なども含みます。「遺留分侵害額請求権」は、相続の開始または減殺すべき贈与・遺贈があったことを知ってから1年以内に行使しなければなりません。贈与や遺贈を知らなくても相続開始から10年で時効が成立します。

遺留分が保証されている相続人

①相続人が父母のみの場合

→ 相続財産の $\frac{1}{3}$

②①以外の場合（配偶者と子供など）

→ 相続財産の $\frac{1}{2}$

例

相続財産……1億円

法定相続人…配偶者、子供A、子供B

遺言書………「全財産を愛人に相続させる」

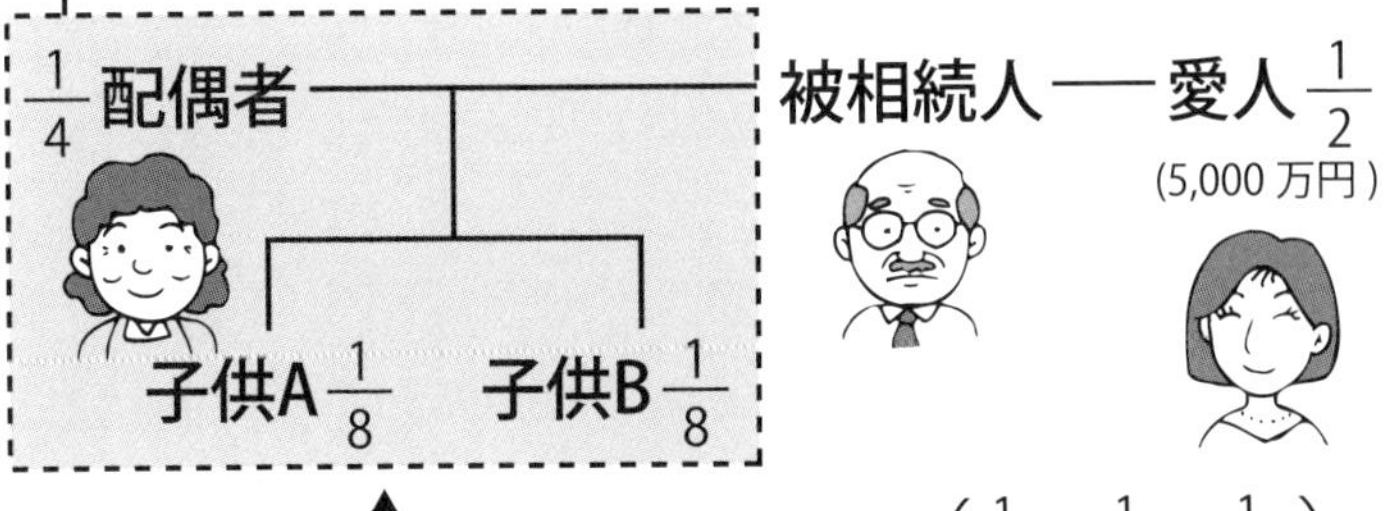

$$遺留分＝1億円×\left(\frac{1}{4}+\frac{1}{8}+\frac{1}{8}\right)$$

＝5,000万円を取り戻す権利がある

遺留分侵害額請求は、必ず裁判所を通さなければならないといったルールはありません。まず相手と話し合いによって問題を解決するのがベストです。相手が交渉に応じない場合には家庭裁判所で調停や審判で決着を付けます。まずは証拠の残る形で配達証明付の内容証明郵便で相手に請求の意思表示をします。（時効を回避するため）

⑦ こんな人は相続人になれない！

「相続欠格」「相続廃除」にあたると相続人になれません

相続人の地位にありながら、相続人になれない人もいます。相続人が民法に定める相続欠格事由に該当する場合、当然に相続人資格が剥奪されることを意味しています。①故意に被相続人または先順位もしくは同順位の相続人を殺し、または殺そうとして刑に処せられた者②被相続人が殺害されたことを知りながら告訴・告発しなかった者③詐欺・強迫によって被相続人の遺言の作成・取消・変更をさせたり、または、妨げたりした者④被相続人の遺言を偽造、変造、破棄、隠匿した者が該当します。このことを「相続欠格」といいます。これは、被相続人に対して殺害などの非行をした人が、その被相続人の財産を相続するというのでは、あまりにも筋違いだと考えられるからです。

また、「相続欠格」にはいたらないまでも被相続人に対する非行があった者に対して、被相続人の意思で相続権を奪うこともできます。このことを「相続廃除」といいます。廃除されると、遺留分侵害額請求権も失うことになります。相続廃除は相続欠格の条件ほどではないが、①被相続人を虐待した②重大な侮辱をした③著しい非行をおこなった、などの理由がある場合

「相続欠格」「相続人の廃除」になるケース

に、被相続人が家庭裁判所へ相続人廃除請求をすることで認められます。つまり、遺留分を有する相続人に財産を相続させたくない場合は、相続人が放棄しない限り「廃除」するしか方法がありません。ただし、相続廃除や欠格で相続権を失った場合でも、その者に子や孫などの直系卑属があった場合には代襲相続が成り立ちます。

相続欠格の事由

①被相続人や自分より先順位の相続人、同順位で相続人になるはずの人を故意に殺害したり、殺害しようとしたために刑に処せられた者

②被相続人が殺害されたことを知りながら、そのことを告訴、告発しなかった者

③詐欺・脅迫により被相続人に遺言書を書かせたり、遺言書を取消・変更させた者

④詐欺・脅迫により被相続人が遺言書を取消・変更することを妨害した者

⑤被相続人の遺言を偽造・変造したり、破棄、隠滅した者

相続人の廃除となる場合

①被相続人を虐待したとき

②被相続人に重大な侮辱を加えたとき

③その他著しい非行があったとき

「相続の欠格」は自動的に相続権を失う。「相続人の廃除」は被相続人の意思により相続権を失わせる

8 相続人が被相続人より前に死亡していたときは誰が相続するの？

相続人の子供が親の相続権を引き継ぎます

相続開始前に、相続人が死亡などの理由により、相続権を失った場合、その者の子など（直系卑属）が相続権を引き継ぎます。このことを「代襲相続」といいます。代襲相続は①相続開始以前の死亡（同時死亡を含みます）②相続欠格③相続廃除があります。

例えば、被相続人の長男が既に死亡しているが、その長男に子供（被相続人の孫）がいた場合には、長男の子供（孫）に相続権が移ります。また、その孫も死亡していた場合には（ひ孫）に相続権が移ることになっています。このことを「再代襲」といいます。しかし、相続人が兄弟姉妹の場合で、兄弟姉妹が既に死亡している場合には、兄弟姉妹の子供（姪・甥）に相続権が移りますが、兄弟姉妹の代襲相続人になれるのは、姪・甥までとなっています。姪・甥の子供は代襲相続人にはなれません。

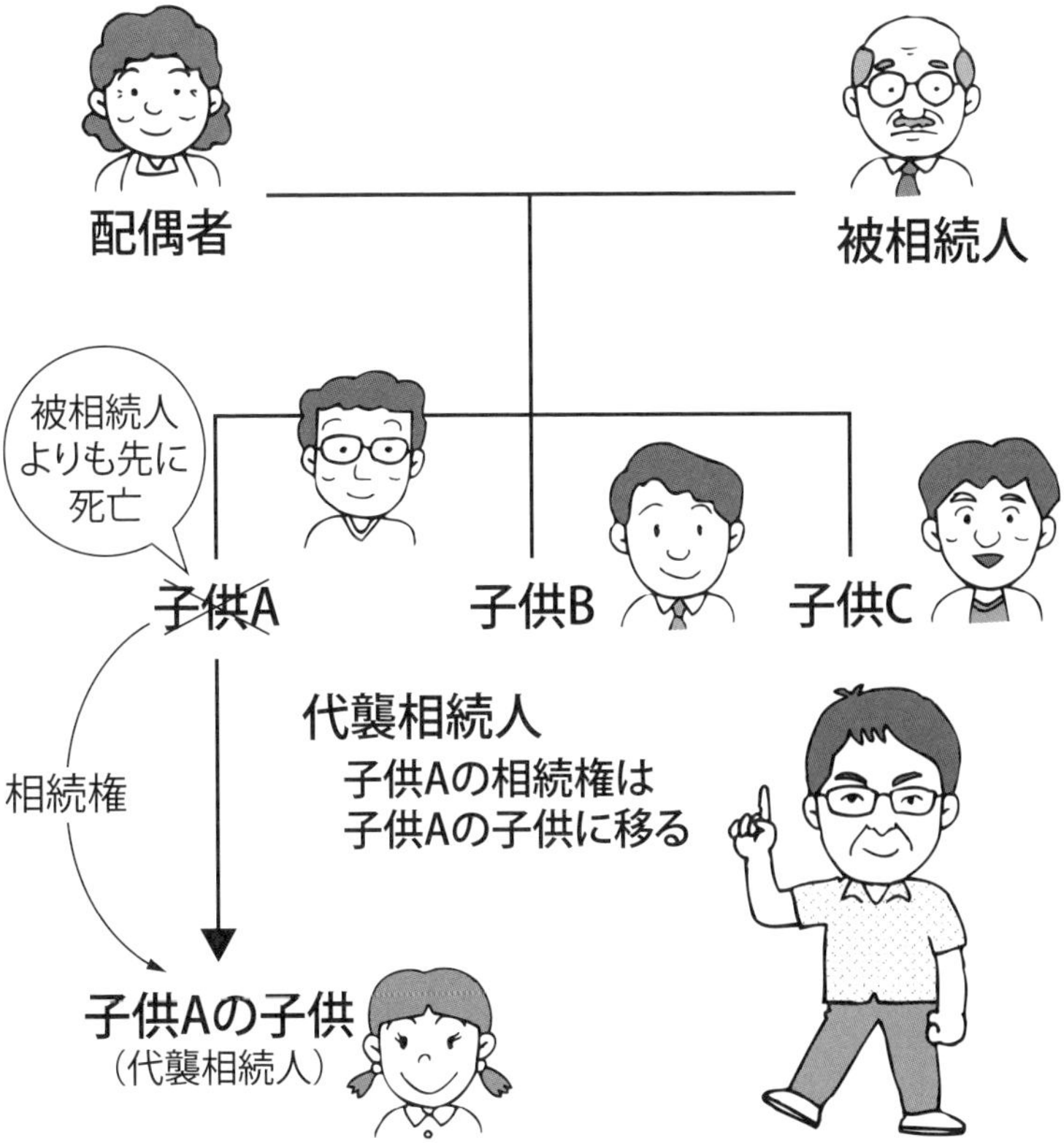

代襲相続が起こるケース

子供が親の死亡以前に死亡している場合

●相続の欠格　●相続人の廃除

相続放棄は代襲相続はできません

⑨ 相続財産は誰がもらっても自由なの？

基本的には相続人間での話し合いで決めます

遺言書がない場合は、各相続人の相続財産の取り分は、話し合いで決めます。法定相続分は、あくまでも遺産分割の目安なので、必ずしもその通りに分割する必要はありません。相続人の間でどのように遺産を分割するかを話し合って全員が納得したら、「遺産分割協議書」を作成します。遺産分割協議書は、その後の、不動産の名義変更などの際に必要になってきます。また、相続人の間で遺産の分割協議がまとまらない場合には、法的手続きをとることになります。この手続きには「調停」と「審判」の2つがあります。通常はまず調停により、調停が不成立となったときに、審判によることになります。

相続税の申告期限（相続開始を知ったときから10カ月以内）までに分割協議が終わっていないと、税制上の優遇措置が受けられなくなるので、早めにすませるようにしましょう。

①まず話合い（遺産分割協議）

話合いが
まとまったら

**②遺産分割協議書
の作成**

遺産分割協議に期限はありませんが、相続税の申告期限までに分割協議を終えないと税制上の優遇処置が受けられず相続人全員が損をします。

⑩ 遺産分割には、どんな方法があるの？

遺産分割には3種類の方法があります

一般的には、現物分割です。現物分割は、自宅は長男が、預貯金は次男がというように、各相続人がそれぞれの個別の財産を相続する方法です。

相続財産が、親と長男が同居している自宅しかない場合、自宅が長男と次男の共有になることがあります。他に金融財産などがなければ、長男一人で自宅を継ぐと不公平になってしまうからです。ただ、相続したあとに、長男はそのまま継続して住みたいのに、次男は売却してお金を用立てたいといった意見の相違が起きてきた場合には困ります。

そこで、遺産分割では①現物分割②換価分割③代償分割といった方法をとることになります。

①現物分割……遺産をそのままの形で、相続分に応じて分割または共有する方法

②換価分割……遺産を売却・換金して、その金銭を分ける方法

③代償分割……遺産の現物を一人（または数人）の相続人が取り、他の相続人に対して、その相続人の相続分相当額を金銭で支払う方法

④共有分割……財産の一部、あるいは全部を相続人全員が共同で所有する方法です。将来、

利害関係が複雑になるというデメリットもあります。

具体的な遺産分割では、遺産の内容と相続人の事情に応じて、３つの方法を組み合わせた形で実行することになります。ただし、不動産を共有にした場合には、将来不動産を売却・処分する際に、共有者全員の合意が必要となり、新たな問題に直面することがあるので注意が必要です。

●遺産分割の方法

最も一般的な方法

現物による分割

換価による分割

代償（代物）分割

共有分割

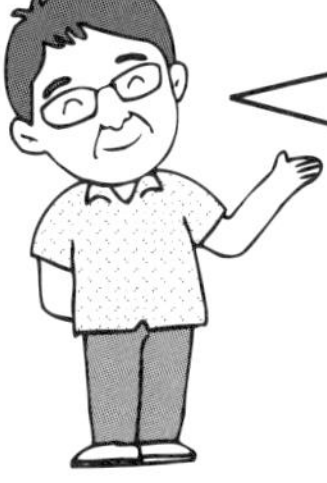

遺産分割は、現物分割を中心に行い、現物だけでは不公平感がある場合には、それぞれ均等な相続分に近付けるよう換価分割・代償分割を組み合わせるのがベストです。

⑪ 相続税はすぐに支払うの？

期限内に一括納付が原則ですが「延納」「物納」も可能です

●現金で納められないときは、「延納」「物納」を考えよう

相続税の申告期限は、相続の開始があってから10カ月以内となっています。そのとき、現金で一括納付することが原則となっています。従って、申告書を提出するまでに相続税に相当する現金を準備できるかどうかがポイントになります。当然、相続税が高すぎて現金で一括納付ができない人もでてきます。

このような場合、相続税では一定の条件を満たせば「延納」や「物納」を認めています。「延納」は、いわゆる分割払いで納付する方法です。「物納」は延納しても相続税を支払うことができない場合に、金銭ではなく不動産などの相続財産で納付する方法です。

●申告が間に合わないとペナルティが課せられる

相続税では、期限内に納付しなかった場合や、財産申告漏れなどがあった場合、申告期限内に申告しなかった場合には、加算税、延滞税が課せられます。加算税には過少申告加算税、無申告加算税、重加算税などがあり、最高で40％ものペナルティが発生することもあるので要注意です。

相続開始から10ヶ月以内

申告期限内に金銭による一括納付が原則

「延納」「物納」も認められる

相続税にかかるペナルティ

	内容	本則	令 4.1.1 ～ 12.31
①延滞税	納期限の翌日から２月を経過する日の翌日以降	14.6％	8.7％
	納期限までの期間及び納期限の翌日から２月を経過する日までの期間	7.3％	2.4％
	納税の猶予等の運用を受けた場合（全額が免除された場合を除く）	3.6％	0.9％
②利子税（主なもの）	所得税法・相続税法の規定による延納等、一定の手続きを踏んだ納税者に課されるもの（相続税・贈与税）	7.3％	0.9％
③還付加算金	国から納税者への還付金等に付される利息	7.3％	0.9％

※1　申告書が法定期限から2週間以内に提出され、全額法定期限までに納付されている場合等は課さない

※2　納付すべき税額が50万円を超える部分に対する割合は20％（平成19年1月1日以後分から）

第4章

相続財産・贈与財産はいくらで評価されるの？

- 沖縄では全国にない特殊な評価があります。やさしく説明します。

① 相続財産はいくらで評価されるの？

それぞれ財産の種類ごとに評価方法がきめられています

相続税の計算で、一番難しいのは財産評価です。財産の評価価値は、相続人がその財産を取得した時点の「時価」による評価が原則です。つまり、相続および遺贈で取得した財産の評価は、被相続人の死亡時の価格（時価）となります。時価とは、市場で売れる価格と言い替えてもいいのかもしれません。しかし、相続財産の大部分を占めている土地・家屋・株式等に関しては、個々のケースごとに「時価」を算出するのは困難です。そこで国税庁では「財産評価基本通達」を定めて、財産の種類ごとに評価方法を統一しています。実務上は、原則として、その評価基本通達で財産を評価することになっています。土地には土地の評価方法、家屋には家屋の評価方法、株式には株式の評価方法というようにそれぞれの財産に応じて評価方法が決まっているのです。

ただし、「財産評価基本通達」には、基本的な評価方法しか定められていないため、相続税の計算をする場合には、この財産の評価方法をいかに工夫して評価額を下げるかが節税対策の重要なポイントになります。

①土地……宅地、田、畑、山林、雑種地、原野
②土地の上に存する権利……借地権、定期借地権
地上権、永小作権
③家屋……家屋、建築中の家屋、付属設備
④構築物
⑤果樹等及び立竹木
⑥動産……家庭用動産、事業用動産、たな卸商品等
書画、骨とう品
⑦無体財産権……特許権、実用新案権、商標権
著作権、電話加入権
⑧株式及び出資……上場株式、取引相場のない株式
⑨公社債……国債、地方債、社債、貸付信託受益証券
証券投資信託受益証券
⑩その他の財産……現預金、貸付金、売掛金
受取手形、ゴルフ会員権

相続税では財産の種類に応じた独自の評価方法を用います

② 土地の評価は、どうするの？

土地の評価方法には「路線価方式」と「倍率方式」があります

土地は使用目的等により、宅地・農地・山林・原野・雑種地等に区分されます。相続財産評価の中で最も大きな割合を占めるのは、宅地です。

宅地の評価方法は「路線価方式」と「倍率方式」があります。どちらの方法で評価するかは、評価する宅地の所在地によって決まります。税務署や会計事務所に置いてある路線価図を見て、相続する宅地と接している道路に「路線価」が付されていれば「路線価方式」、「路線価」が付されていなければ「倍率方式」で評価します。路線価とは、路線（道路）に面する標準的な宅地の一平方メートル当たりの価額のことです。一般的には、市街地は路線価方式、それ以外は倍率方式となっています。また、一部地域においては路線価方式と倍率方式の両方式が使われている地域もあります。

なお、路線価図および評価倍率表は、国税庁のホームページで閲覧することができます。

路線価がついていれば

→ 路線価方式で評価する

路線価がついていなければ

→ 倍率方式で評価する

路線価方式の計算

相続税評価額＝宅地の面積×路線価×各種補正率

倍率方式の計算

相続税評価額＝固定資産税評価額×評価倍率

↑

市町村役場にある
固定資産税台帳を見る

③ 路線価方式って、どうするの？

基本的には「路線価×宅地の面積（地積）×補正率」で計算します

路線価方式は「路線価×宅地の面積（地積）」が評価の出発点となります。ただし、これは正方形、かつ、一方のみの路線に面している宅地に対するものであり、このような単純な評価方法では計算できません。

正確な宅地の相続税評価額は、その宅地の奥行き、間口、道路との接道関係や形状、規模の大きな土地等々さまざまな要因を組み合わせることによって計算されます。

つまり、「路線価×宅地の面積（地積）」に各種補正率を乗じて算出します。補正率は数種類あり、間口が狭い宅地には「間口狭小補正率」、奥行が長い宅地には「奥行価格補正率」、不整形地には「不整形地補正率」のように適用していきます。

例えば、土地の形状が悪い場合の宅地は、最大で40％の評価額を下げることができる不整形地補正率や、地積規模の大きな宅地については、評価額を下げることができる特例等もあります。

また、倍率方式は、評価しようとする宅地の固定資産税評価額に一定の倍率を乗じて計算します。

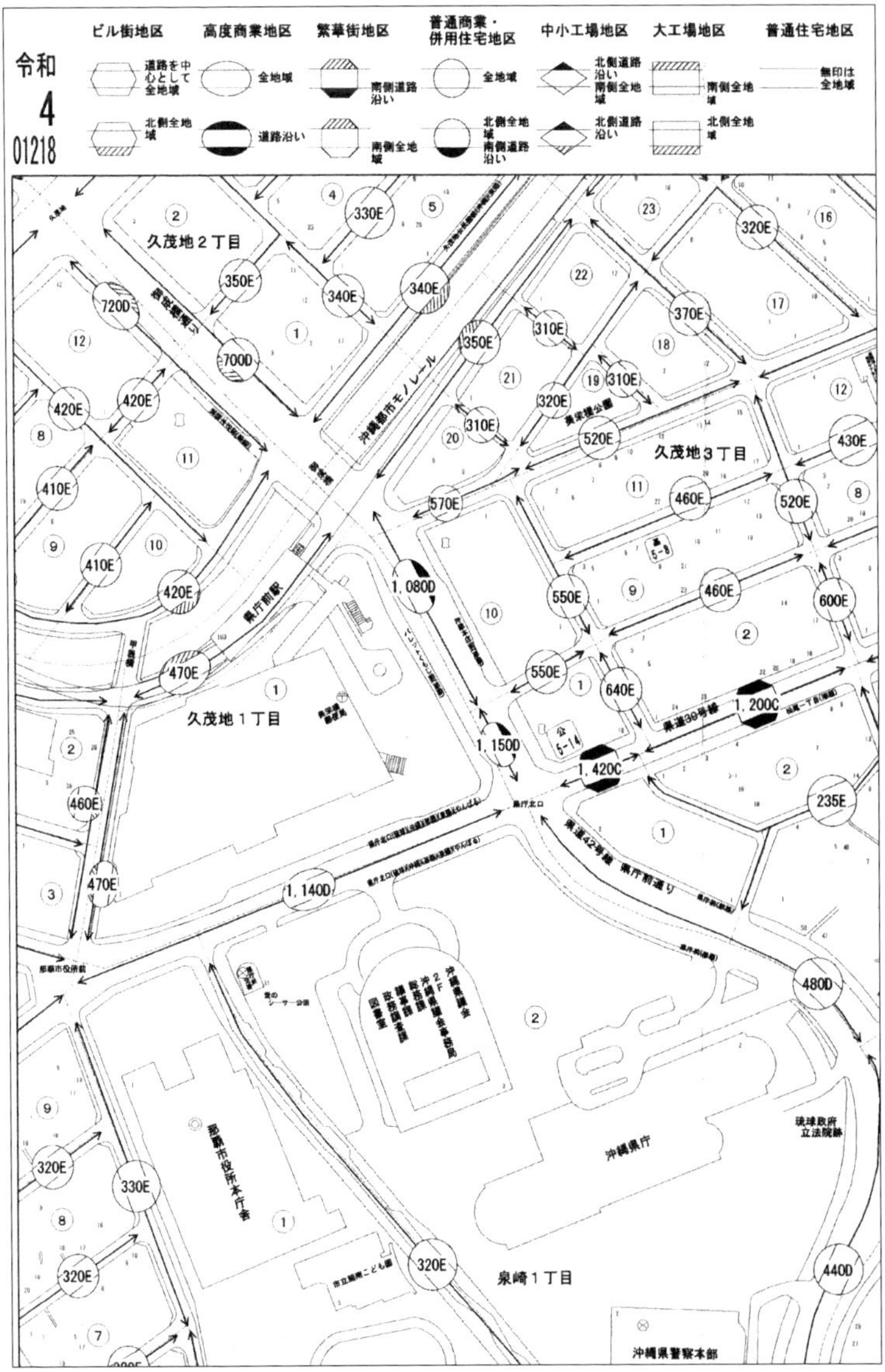
令和
4
01218
ビル街地区
高度商業地区
繁華街地区
普通商業・併用住宅地区
中小工場地区
大工場地区
普通住宅地区
道路を中心として全地域
全地域
南側道路沿い
全地域
北側道路沿い
南側全地域
南側全地域
無印は全地域
北側全地域
道路沿い
南側全地域
北側全地域
南側道路沿い
北側道路沿い
北側全地域
久茂地２丁目
久茂地３丁目
久茂地１丁目
泉崎１丁目
沖縄都市モノレール
県庁前駅
県道39号線
県道42号線 県庁前通り
県庁北口
那覇市役所前
美栄橋公園
沖縄県議会
2F
沖縄県議会事務局
総務課
議事課
政務調査課
図書室
那覇市役所本庁舎
沖縄県庁
琉球政府立法院跡
市立城岳こども園
沖縄県警察本部
330E
350E
340E
340E
720D
700D
350E
310E
320E
370E
310E
320E
420E
420E
310E
520E
430E
410E
570E
460E
520E
410E
1,080D
550E
460E
600E
420E
470E
550E
640E
1,200C
1,150D
1,420C
235E
460E
470E
1,140D
480D
320E
330E
320E
320E
440D

例1）　一方路のみが路線に接する宅地の評価

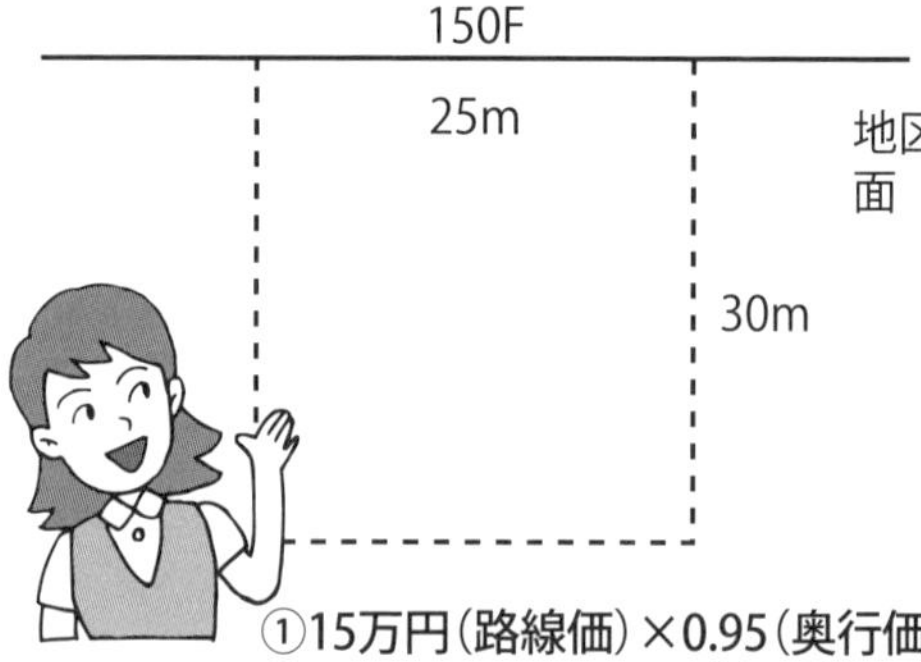

地区区分……普通住宅地区
面　　積……750㎡

①15万円（路線価）×0.95（奥行価格補正率）＝14万2500円
②14万2500円×750㎡（面積）＝1億6,875,000円

例2）　2面が路線に接する宅地（角地）の評価

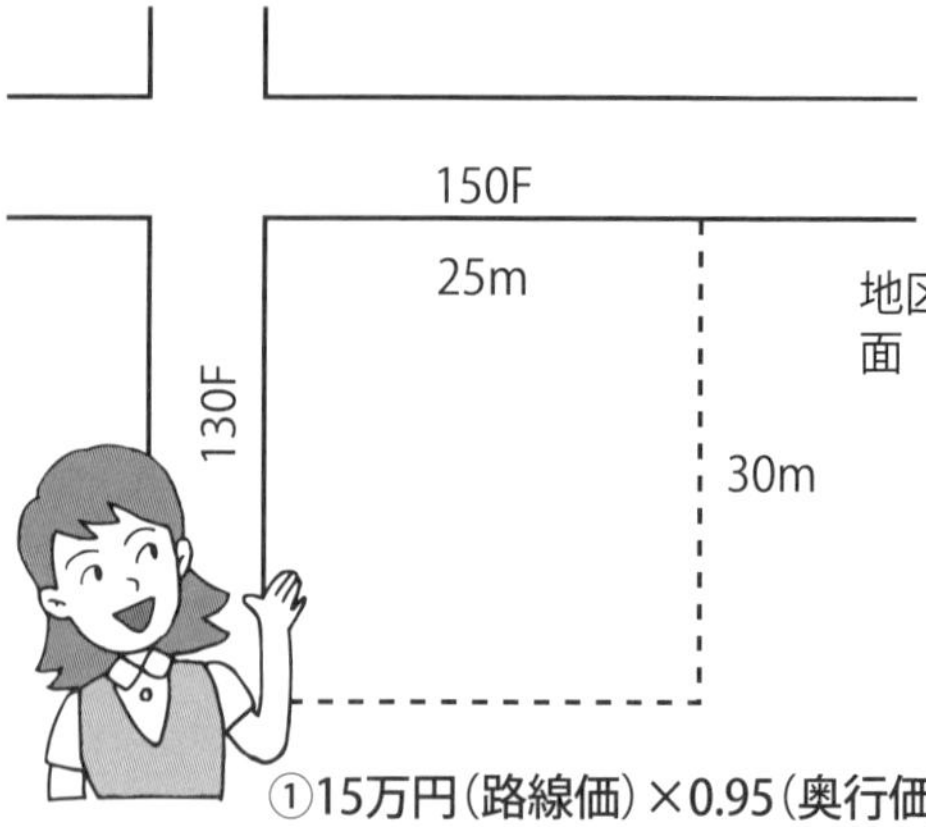

地区区分……普通住宅地区
面　　積……750㎡

①15万円（路線価）×0.95（奥行価格補正率）＝14万2500円
②14万2500円＋13万円（路線価）×0.97（奥行価格補正率）
　×0.03（側方路線影響加算率）＝14万6283円
③14万6283円×750㎡＝1億9,712,250円

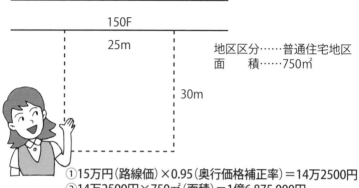

土地及び土地の上に存する権利の評価について調整率表

① 奥行価格補正率表

地区区分 / 奥行距離m	ビル街	高度商業	繁華街	普通商業・併用住宅	普通住宅	中小工場	大工場
4未満	0.80	0.90	0.90	0.90	0.90	0.85	0.85
4以上 6未満		0.92	0.92	0.92	0.92	0.90	0.90
6 〃 8 〃	0.84	0.94	0.95	0.95	0.95	0.93	0.93
8 〃 10 〃	0.88	0.96	0.97	0.97	0.97	0.95	0.95
10 〃 12 〃	0.90	0.98	0.99	0.99	1.00	0.96	0.96
12 〃 14 〃	0.91	0.99	1.00	1.00		0.97	0.97
14 〃 16 〃	0.92	1.00				0.98	0.98
16 〃 20 〃	0.93					0.99	0.99
20 〃 24 〃	0.94					1.00	1.00
24 〃 28 〃	0.95				0.97		
28 〃 32 〃	0.96		0.98		0.95		
32 〃 36 〃	0.97		0.96	0.97	0.93		
36 〃 40 〃	0.98		0.94	0.95	0.92		
40 〃 44 〃	0.99		0.92	0.93	0.91		
44 〃 48 〃	1.00		0.90	0.91	0.90		
48 〃 52 〃		0.99	0.88	0.89	0.89		
52 〃 56 〃		0.98	0.87	0.88	0.88		
56 〃 60 〃		0.97	0.86	0.87	0.87		
60 〃 64 〃		0.96	0.85	0.86	0.86	0.99	
64 〃 68 〃		0.95	0.84	0.85	0.85	0.98	
68 〃 72 〃		0.94	0.83	0.84	0.84	0.97	
72 〃 76 〃		0.93	0.82	0.83	0.83	0.96	
76 〃 80 〃		0.92	0.81	0.82			
80 〃 84 〃		0.90	0.80	0.81	0.82	0.93	
84 〃 88 〃		0.88		0.80			
88 〃 92 〃		0.86			0.81	0.90	
92 〃 96 〃	0.99	0.84					
96 〃 100 〃	0.97	0.82					
100 〃	0.95	0.80			0.80		

② 側方路線影響加算率表

地区区分	加算率 角地の場合	加算率 準角地の場合
ビル街	0.07	0.03
高度商業、繁華街	0.10	0.05
普通商業・併用住宅	0.08	0.04
普通住宅、中小工場	0.03	0.02
大工場	0.02	0.01

③ 二方路線影響加算率表

地区区分	加算率
ビル街	0.03
高度商業、繁華街	0.07
普通商業・併用住宅	0.05
普通住宅、中小工場	0.02
大工場	0.02

④ 不整形地補正率を算定する際の地積区分表

地区区分 / 地積区分	A	B	C
高度商業	1,000㎡未満	1,000㎡以上 1,500㎡未満	1,500㎡以上
繁華街	450㎡未満	450㎡以上 700㎡未満	700㎡以上
普通商業・併用住宅	650㎡未満	650㎡以上 1,000㎡未満	1,000㎡以上
普通住宅	500㎡未満	500㎡以上 750㎡未満	750㎡以上
中小工場	3,500㎡未満	3,500㎡以上 5,000㎡未満	5,000㎡以上

⑤ 不整形地補正率表

地区区分 / 地積区分 / かげ地割合	高度商業、繁華街、普通商業・併用住宅、中小工場 A	B	C	普通住宅 A	B	C
10%以上	0.99	0.99	1.00	0.98	0.99	0.99
15% 〃	0.98	0.99	0.99	0.96	0.98	0.99
20% 〃	0.97	0.98	0.99	0.94	0.97	0.98
25% 〃	0.96	0.98	0.99	0.92	0.95	0.97
30% 〃	0.94	0.97	0.98	0.90	0.93	0.96
35% 〃	0.92	0.95	0.98	0.88	0.91	0.94
40% 〃	0.90	0.93	0.97	0.85	0.88	0.92
45% 〃	0.87	0.91	0.95	0.82	0.85	0.90
50% 〃	0.84	0.89	0.93	0.79	0.82	0.87
55% 〃	0.80	0.87	0.90	0.75	0.78	0.83
60% 〃	0.76	0.84	0.86	0.70	0.73	0.78
65% 〃	0.70	0.75	0.80	0.60	0.65	0.70

⑥ 間口狭小補正率表

地区区分 / 間口距離m	ビル街	高度商業	繁華街	普通商業・併用住宅	普通住宅	中小工場	大工場
4未満	—	0.85	0.90	0.90	0.90	0.80	0.80
4以上6未満	—	0.94	1.00	0.97	0.94	0.85	0.85
6 〃 8 〃	—	0.97		1.00	0.97	0.90	0.90
8 〃 10 〃	0.95	1.00			1.00	0.95	0.95
10 〃 16 〃	0.97					1.00	0.97
16 〃 22 〃	0.98						0.98
22 〃 28 〃	0.99						0.99
28 〃	1.00						1.00

⑦ 奥行長大補正率表

地区区分 / 奥行距離 間口距離	ビル街	高度商業	繁華街	普通商業・併用住宅	普通住宅	中小工場	大工場
2以上3未満	1.00	1.00			0.98	1.00	1.00
3 〃 4 〃		0.99			0.96	0.99	
4 〃 5 〃		0.98			0.94	0.98	
5 〃 6 〃		0.96			0.92	0.96	
6 〃 7 〃		0.94			0.90	0.94	
7 〃 8 〃		0.92				0.92	
8 〃		0.90				0.90	

⑧ 規模格差補正率を算定する際の表

イ 三大都市圏に所在する宅地

地区区分 / 地積㎡ / 記号	普通商業・併用住宅 普通住宅 Ⓑ	Ⓒ
500以上1,000未満	0.95	25
1,000 〃 3,000 〃	0.90	75
3,000 〃 5,000 〃	0.85	225
5,000 〃	0.80	475

ロ 三大都市圏以外の地域に所在する宅地

地区区分 / 地積㎡ / 記号	普通商業・併用住宅 普通住宅 Ⓑ	Ⓒ
1,000以上3,000未満	0.90	100
3,000 〃 5,000 〃	0.85	250
5,000 〃	0.80	500

⑨ がけ地補正率表

がけ地の方位 / がけ地地積 総地積	南	東	西	北
0.10以上	0.96	0.95	0.94	0.93
0.20 〃	0.92	0.91	0.90	0.88
0.30 〃	0.88	0.87	0.86	0.83
0.40 〃	0.85	0.84	0.82	0.78
0.50 〃	0.82	0.81	0.78	0.73
0.60 〃	0.79	0.77	0.74	0.68
0.70 〃	0.76	0.74	0.70	0.63
0.80 〃	0.73	0.70	0.66	0.58
0.90 〃	0.70	0.65	0.60	0.53

⑩ 特別警戒区域補正率表

特別警戒区域の地積 / 総地積	補正率
0.10以上	0.90
0.40 〃	0.80
0.70 〃	0.70

4

軍用地（公用地を含む）の評価は、どうするの？

軍用地（公用地）の相続税評価額と売買価額（時価）はちがう

沖縄県内における軍用地売買のニーズは、軍用地の返還や軍用地料の伸び率にストップ感がありかげりを見せていました。しかし、昨今の経済不振の影響からか、確実な投資物件として、軍用地売買が盛んになっています。ここでは、軍用地の相続税評価額と売買価額の計算方法を説明します。

●軍用地の相続税評価額の計算方法

軍用地の相続税評価方法は倍率評価方法となっています。市町村が発行する「固定資産評価証明書」に記載されている、いわゆる、その評価する軍用地の固定資産税評価額に一定の倍率（「公用地の評価倍率表」に適用施設ごとに決められている）を乗じた後に地上権（40％）を控除します。

●軍用地を売買するときの計算方法

軍用地の売買価額は、年間地料（土地代金）に軍用地ごとの市場倍率（例えば、軍用地ごとに30倍〜50倍と市場倍率がある）を乗じて計算します。軍用地ごとの市場倍率の高低は、軍用地の返還見込の有無等によって決められているようです。ちなみに、沖縄で最後に返還されるであろうと思われる「嘉手納飛行場の滑走路」また、「那覇空港の滑走路」が一番高いと言われています。

軍用地の相続税評価額の計算

固定資産税評価額×倍率×60%＝相続税評価額

※軍用地の上に存する権利は「存続期間の定めないもの」として扱い、60%で評価します。

評価証明書

土地	地番	地目	評価額
○○	△△	◇◇	××××

軍用地の相続税評価額＝固定資産税評価額×倍率×60%

公用地の評価倍率表

適用施設	倍率
嘉手納飛行場	3.5 倍

軍用地の売買価額の計算

軍用地の年間賃料×市場倍率＝売買価額

土地賃借料算定調書及び土地明細

嘉手納飛行場

地番	地目	年間賃借料
△△	◇◇	××××

施設ごとの市場倍率（30〜50倍）を乗ずる

※市場倍率はあくまでも参考倍率です。

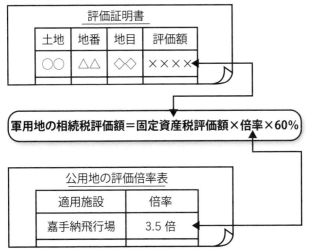

⑤ 貸している土地の評価はどうするの？

困難を極める貸宅地の評価、なぜそんなに高いのか、異議あり！

●人に貸している宅地（貸宅地）は評価額が下がる

貸宅地を評価する場合には、宅地の上に存する権利（借地権）の評価をまず整理しなければなりません。

借地権の評価はその借地権の目的となっている宅地の自用地（借地などの他の権利が設定されていない土地等、または更地ともいう）としての評価に、その宅地に係る借地権割合がおおむね同一と認められる地域ごとに、国税局長の定める割合を乗じて計算した金額により評価します。

借地権割合は、路線価地域については、財産評価基準書の路線価図にA～Gの記号で表示されています。また、倍率地域については、評価倍率表にその割合が表示されています。ただし、借地権評価については、その評価方法は次頁のように一様ではありません。借地権の設定に際し権利金を収受する場合、相当の地代による場合、無償返還の届出書を税務署に提出する場合等、多様な形態に応じてその評価方法が定められています。

（算式）　借地権の価額＝
自用地の価額×借地権割合（例えば30%の地域）

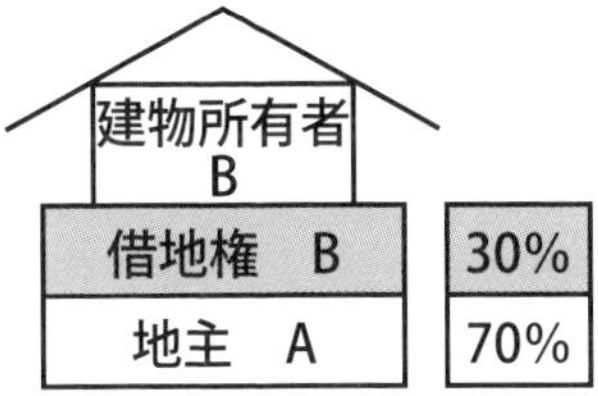

借地権割合は、路線価地域については、財産評価基準書の路線価図にA～Gの記号で表示されています。また倍率地域については、評価倍率表にその割合が表示されています。

路線価図の借地権割合の表示

記号	A	B	C	D	E	F	G
借地権割合	90%	80%	70%	60%	50%	40%	30%

※沖縄県内で借地権割合が最も高い地域は、国際通り付近（70%）です。

親の土地に子供が家を建てる

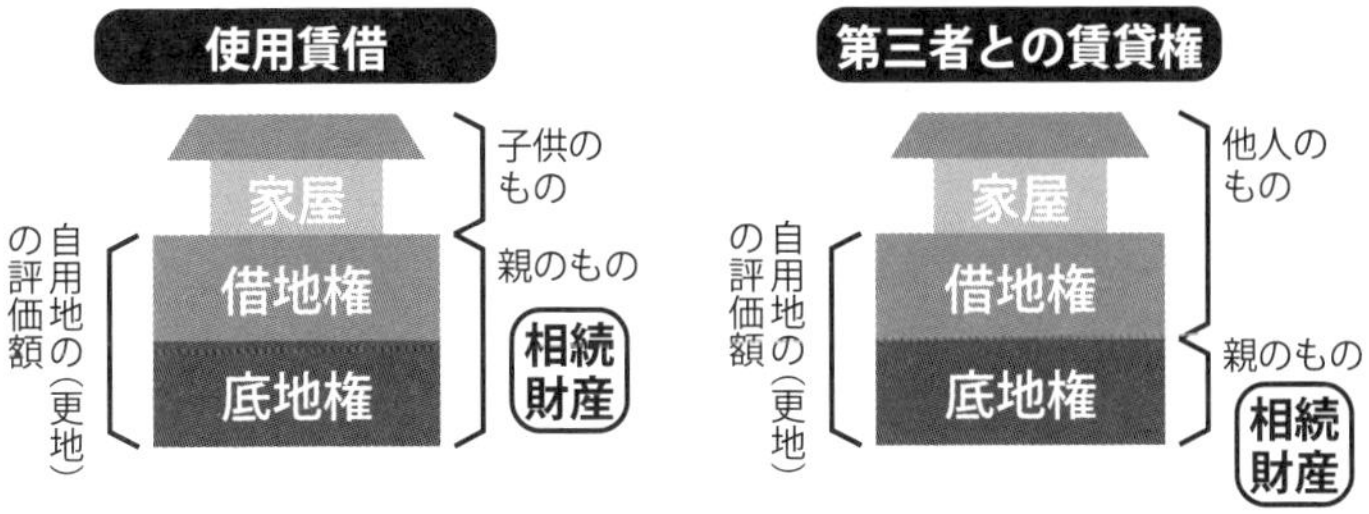

使用賃借の場合、借地権分に対して贈与税はかかりませんが、相続のときに借地権分も含めた自用地（更地）の評価分で相続税がかかり、しっかり課税されます。ようするに贈与税はかからないのですが、結局、相続税がかかるのです。

			使用賃借
		借地権の贈与	なし
		贈与税	かからない
所有権利者の区分		家屋の所有者	子供
	土地	借地権者	親
		底地権者	親

●借りている土地の評価額は借地権が加算される

逆に、土地を借りている（貸宅地）借地人に相続が起こった場合はどうなるでしょう。借地人に相続があったときは、借地権が相続財産となり、次の計算で借地権が計算されます。

借地権の評価＝自用地としての評価額×借他権割合

宅地としての評価（自用地）に借地権割合を乗じると借地権の評価額が計算できます。このように、貸宅地の評価額と借地権の評価額を合計すると、自用地としての評価額になります。つまり、貸宅地というのは、地主と借地人が共同で所有していて、借地人が借地権割合分を所有し、残りを地主が所有しているようなものです。また、地主の所有分（貸宅地割合）を底地と呼んでいます。（借地権割合と貸宅地割合は合計して1になりますが、後記の転借権付の土地の場合には、あてはまりません）

また、親名義の土地に子供名義の建物が建っている場合で、親に権利金や地代を支払っていないことが多々あります。この状態のことを「土地の使用貸借」と呼んでいます。この場合には、無償で土地を使用していることになり借地権は生じません。ですから、親に相続が発生しても自用地（更地）のままで評価することになります。なお、土地の固定資産税相当額を地代として負担していても、これは実費負担となり使用貸借となります。

●沖縄県特有の貸宅地の評価方法があります

時代の背景から、沖縄県には、特有な貸宅地（転借権の目的となっている宅地）が存在しています。転借権付宅地分譲地に貸宅地割合を定めました。

①貸宅地の原則的な評価方法は

借地権の目的となっている宅地の評価は、自用地としての評価から、借地権の価額を控除した金額によって評価します。

貸宅地の評価額＝自用地の価額×（1－借地権割合）

②特例的な評価方法（沖縄県のみ）

借地権の目的となっている宅地の評価は、自用地としての評価に、貸宅地割合を乗じて評価します。貸宅地の評価額＝自用地の価額×貸宅地割合

沖縄県の貸宅地割合が新設された地域は、宅地造成等の開発業者が、複数の土地所有者から、土地の一括借り上げをし、造成工事を行い、転借権付住宅（地主の許可なく建物を売却できる権利）として、住宅を分譲した地域内に所在しています。各土地の形状に関わらず道路を設置し、区画割りを行ったことから、一戸の転借権付住宅の権利関係は、主として複数の土地の所有者、借地権者及び転借権者（建物所有者）が存在するという複雑な権利関係を形成しています。このような貸宅地を「三層構造の宅地」と呼んでいます。

平成17年財産評価基準書における貸宅地割合を定めた地域（沖縄県のみ）

地域名	所在		所轄税務署	評価方式
	借地権割合	貸宅地割合		
大名町一丁目第二団地	那覇市首里大名1丁目		北那覇税務署	路線価方式
	40%	30%		
浦添ニュータウン	浦添市安波茶1丁目		北那覇税務署	路線価方式
	40%	30%		
RBC 坂田ハイツ	中頭郡西原町翁長・幸地		北那覇税務署	倍率方式
	30%	30%		
旧大謝名キャンプブーン	宜野湾市宇地泊		沖縄税務署	路線価方式
	30%	30%		
嘉数が丘ハイツ	宜野湾市嘉数1丁目		沖縄税務署	路線価方式
	30%	30%		
嘉数ハイツ	宜野湾市嘉数4丁目		沖縄税務署	路線価方式
	30%	30%		
嘉数が丘住宅	宜野湾市嘉数1丁目		沖縄税務署	路線価方式
	30%	30%		
城山第一団地 第二団地	宜野湾市志真志4丁目		沖縄税務署	路線価方式
	30%	30%		
うるま市石川曙1丁目	うるま市石川曙1丁目1番～10番		沖縄税務署	倍率方式
	30%	30%		
大西テラスハイツ	北中城村熱田・仲順・渡口・和仁屋		沖縄税務署	倍率方式
	30%	30%		

貸宅地割合の表示

路線価図に枠（三重線）で表示

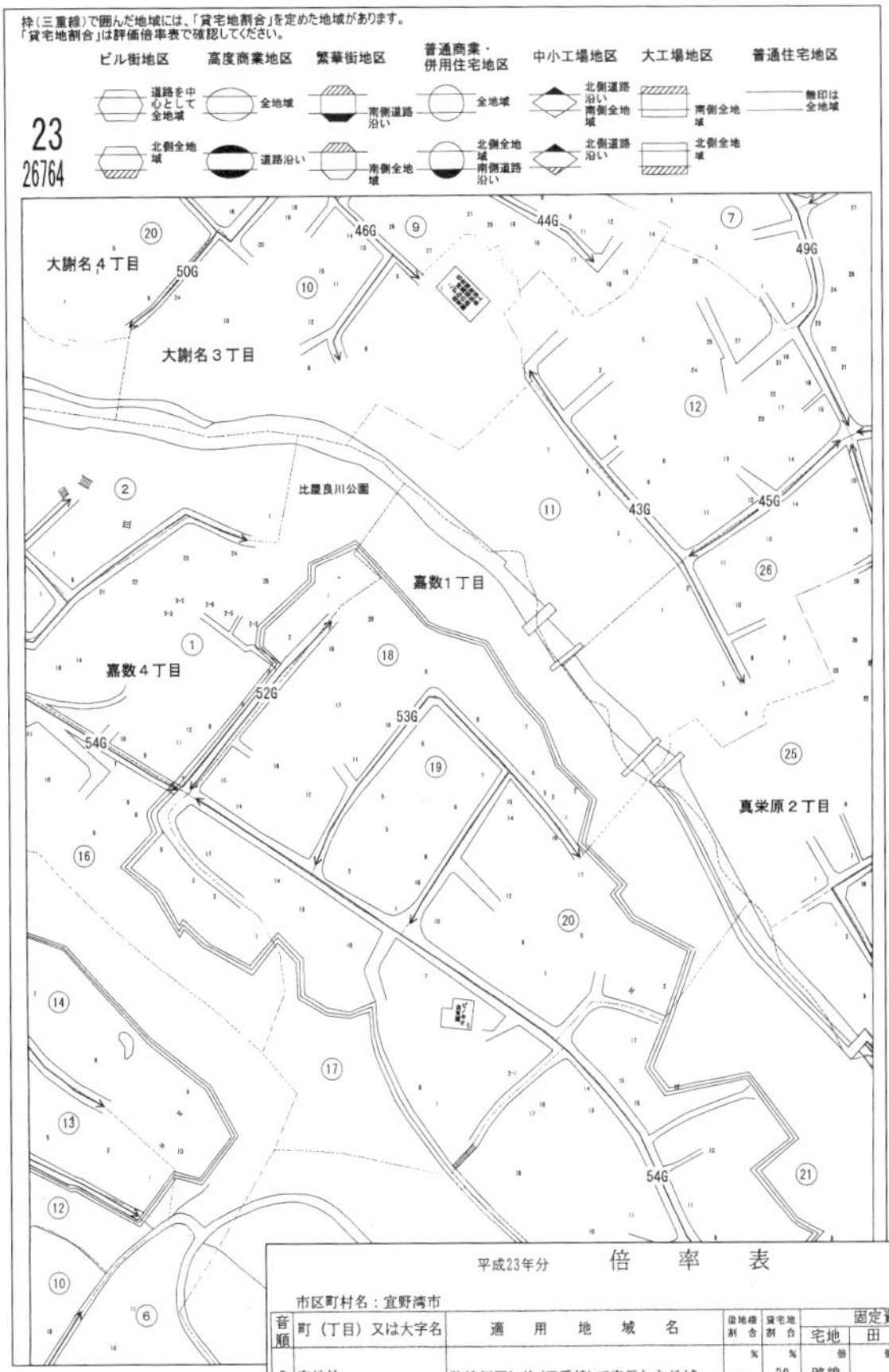

平成23年分　倍　率　表

市区町村名：宜野湾市　　　　沖縄税務署

音順	町（丁目）又は大字名	適用地域名	借地権割合	貸宅地割合	宅地	田	畑	山林	原野	牧場	池沼
			%	%	倍	倍	倍	倍	倍	倍	倍
う	宇地泊	路線価図に枠（三重線）で表示した地域（旧大謝名キャンプブーン）のうち転借権付住宅として分譲された地域	—	30	路線						
		上記以外の地域	—		路線		市比準		市比準		
お	大山３～６丁目	市道伊佐大山線から北側の地域	—		路線	1.4	1.4		市比準		
		上記以外の地域	—		路線		市比準		市比準		
か	嘉数１丁目	路線価図に枠（三重線）で表示した地域（嘉数ハイツ・嘉数が丘住宅）のうち転借権付住宅として分譲された地域	—	30	路線						
		上記以外の地域	—		路線		市比準		市比準		
	嘉数４丁目	路線価図に枠（三重線）で表示した地域（嘉数ハイツ）のうち転借 … された地域	—	30	路線						

評価倍率表では「貸宅地割合」と表示

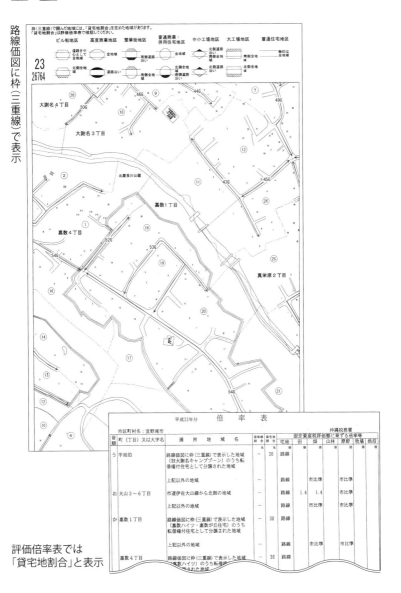

●貸宅地割合（三層構造）の地域が増えました

平成17年財産評価基準書における貸宅地割合を定めた地域が増えるかが注目されていましたが、2か所が追加されました。

●浦添市牧港3丁目（牧港ハイツ）
●宜野湾市我如古4丁目（我如古テラス）

貸宅地割合（三層構造）の地域の特徴は、地主・借地人（開発業者）・家屋所有者と、三つ巴になり将来の併合（底地が一体）が困難とされている地域です。戦後、70数年に渡る三つ巴の関係は、特に借地人（開発業者）の廃業・倒産・合併等々により原型が崩れ、借地契約書等々もない不安定な状況が県内各地に多々見られます。貸宅地が三層構造の貸宅地であるとする証明が難しくなっています。

●建築基準法第42条2項の道路（みなし道路）の貸宅地

沖縄戦の終結後、旧住宅地域が米軍基地に強制接収されたため、住宅に戻れなかった住民は、戦前の住居以外に仮住まいをしなくてはならなくなりました。そして、戦後の復興及び急激な市街地化が進行した時期に、那覇市などの密集市街地に地方から多くの人口が流入したのも重なって、住宅の確保が急務となりました。

琉球政府は当時の建築基準法にある9尺道路（2・7m）以上を道路幅要件として認めながら、

市街地化を進行するという混乱の中で住民の住宅を建築させました。その後、借地借家法に強制移行させ、建築基準法も改正された（道路幅４ｍ以上）ために、建築基準法に不適格である

那覇市与儀付近の２項道路

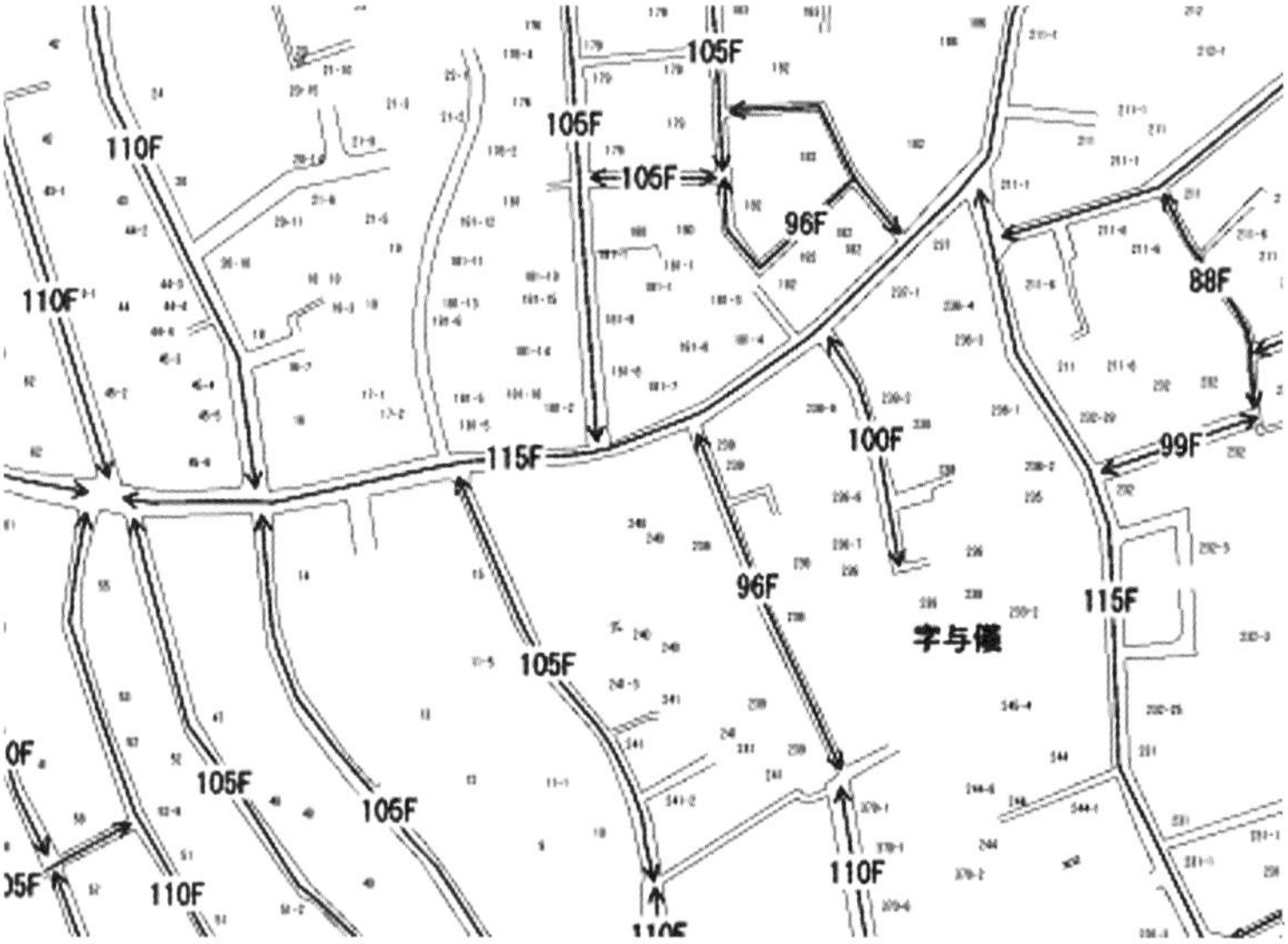

路線価図

「既存不適格家屋」が多く存在するに至っています。このように当時の建築基準法で許可された道路を「2項道路（みなし道路）」と呼んでいます。この2項道路は貸宅地に多く、米軍基地のある市町村全域に存在しています。

国税庁はこの2項道路に路線価を設定しました。相続税は、相続税法22条により「時価」評価が原則とされています。しかし実務的には国税庁が定めた、財産評価基本通達により評価された、路線価による評価を時価とみなしています。この「2項道路に設定されている路線価が時価を大きく上回って高すぎる」「課税の不公平が生じている」ことの私の主張を第8章で取り上げます。

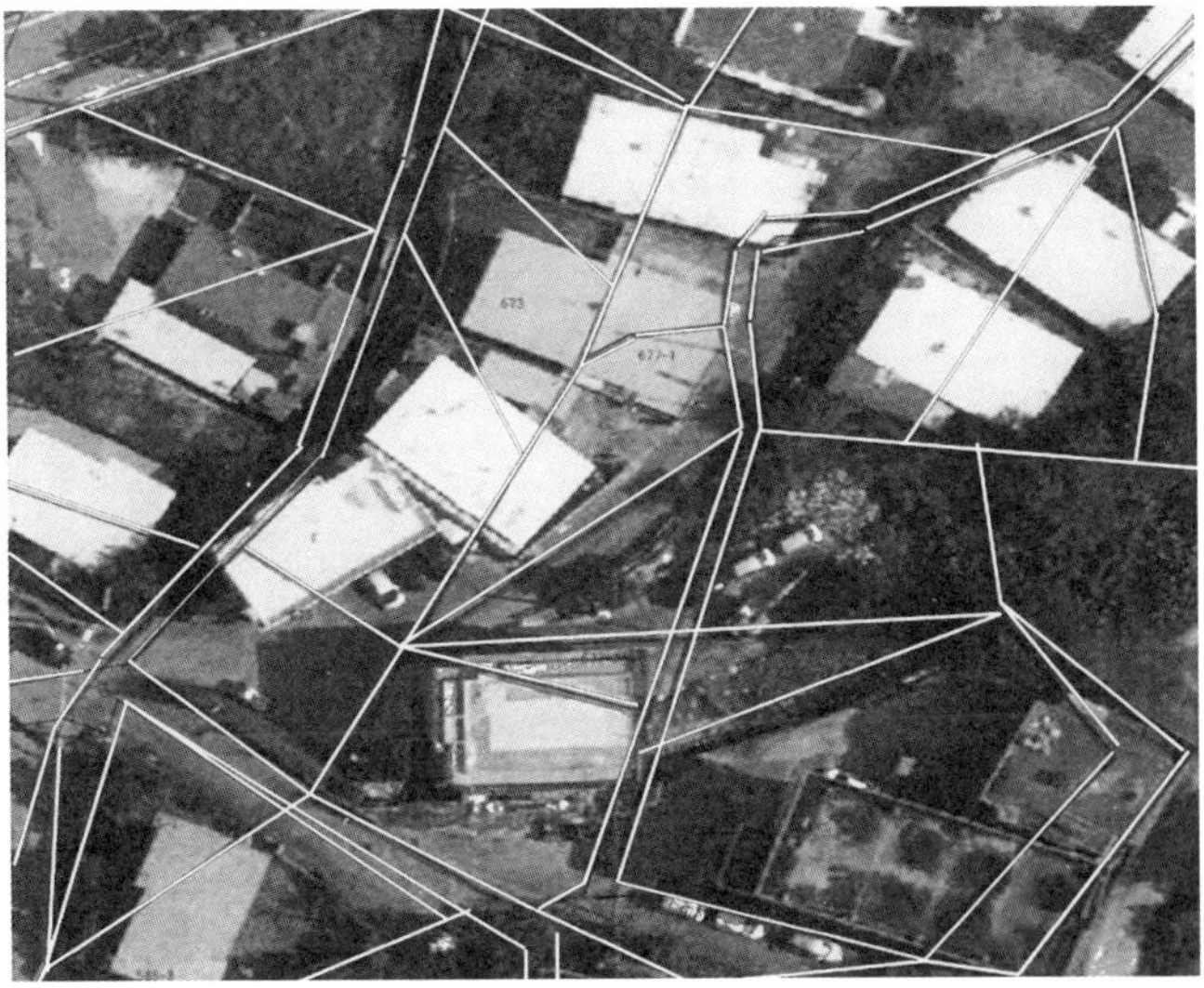

この地域は「貸宅地割合」が指定されていない。地主・借地人（開発業者）・家屋所有者の内、借家人（開発業者）が破綻し、地主と家屋所有者との契約がなく、三層構造の証明ができない地域である。複数の土地の上に家屋が建てられている。

⑥ アパートを建てた土地の評価はどうするの？

土地の所有者が、アパートを建てると土地の評価額は下がります

宅地に、一戸建てのアパートなどの貸家が建っている土地を「貸家建付地」といいます。自己所有の土地にアパートを建て、その建物を他人に貸して家賃収入を得ている宅地のことです。この場合、宅地は貸してはいません。あくまでも、宅地の上の建物を貸しているので、貸宅地の評価額とは異なります。しかし、その建物には居住者がいるため、その宅地を勝手に処分できるというものではありません。ですから、この場合「居住権（借家権）を考慮した評価額」を差し引いて評価額を計算します。

貸家建付地の評価額は次のように計算します。

貸家建付地の評価額＝自用地としての評価額×（1－借地権割合×借家権割合×賃貸割合）

となります。

借地権割合は地域によって異なりますが、借家権割合は30％となっています。

およそ、貸家建付地の評価額は、自用地の評価額の79％～82％となります。

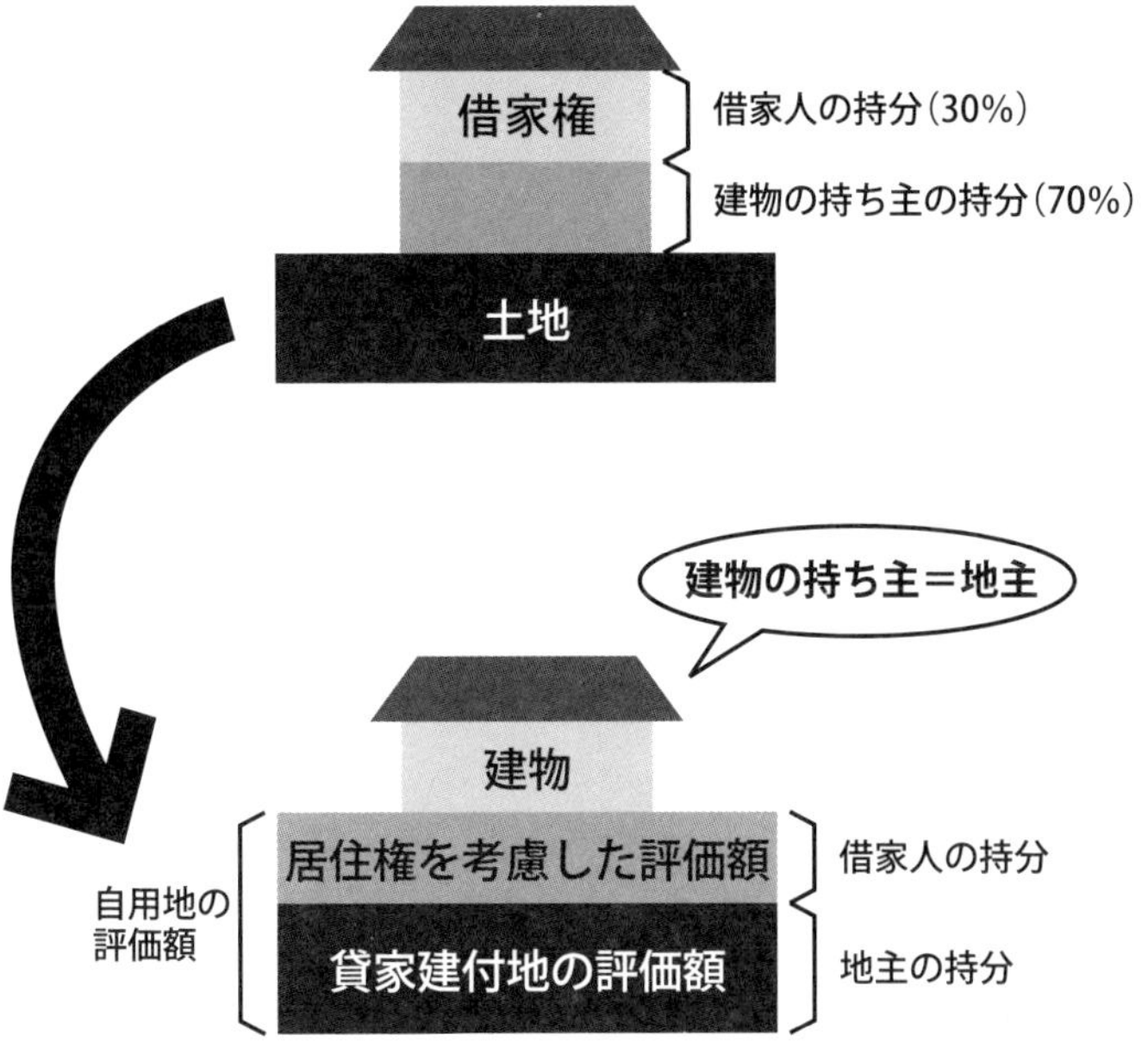

貸家建付地の評価額

居住権を考慮した評価額
＝自用地の評価額×借地権割合×借家権割合

貸家建付地の評価額

＝自用地の評価額－居住権を考慮した評価額

＝自用地の評価額×（1－借地権割合×借家権割合×賃貸割合）

⑦ 宅地は最大80％割引となる特例があるの？

「小規模宅地等の評価減の特例」で最大80％の評価減

●小規模宅地等の評価減の特例とは

相続や遺贈によって取得した財産のうち、被相続人及び被相続人と生計を一にする親族の居住の用や事業の用に供されていた宅地等で建物や構築物の敷地に供されているもの等がある場合には、相続人等が取得したこれらの宅地等のうち限度面積までの部分に対して、相続税を計算する場合の相続税評価額について、一定の評価減を認めるものです。

被相続人が居住用や事業用として使っていた土地は、財産であるという前に、生活の基盤です。家族で住んでいた自宅とか事業をやっていた店舗しか財産がない場合、それに対して相続税がかかってしまうと結局、家や店舗を売却して相続税を払わなくてはならないようになってしまいます。相続人の生活を脅かすことになりかねないとの理由で大幅な割引が認められています。

●軍用地（公用地）の小規模宅地等の評価減の取り扱い

本来、小規模宅地等の評価減の対象となる宅地は、その宅地等の上に、建物や構築物の敷地に供されていることが要件になっています。しかし、軍用地は、フェンスの中にあり建物を自主的に建てることは不可能です。軍用地内の建物等が建っている土地だけを小規模宅地等の評価減の適用対象にすると、不平等が生じます。したがって、軍用地は、建物等が建っているいないに関わらず小規模宅地等の評価減の対象にすべきと思います。

小規模宅地等の特例の乱用を防止するために、持ち家を持たない者や相続開始直前に取得した宅地等についての要件が厳しくなりました。

特定居住用宅地等については誰が取得するのか、その後どう利用するのかなど、要件を充足しているかどうかで適用の可否がことなります。過去に自宅を所有したことがある人や、親や親族等の所有する家屋に住んでいる場合は、住まなくなってから3年以上経過しないと、この特例の適用を受けることはできない等々、適用要件が厳格になっています。

利用区分		限度面積	減額割合
事業用	特定事業用等	400㎡	▲80%
	特定同族会社事業用等	400㎡	▲80%
	貸付事業用等	200㎡	▲50%
居住用	特定居住用	330㎡	▲80%

8 建物の評価は、どうするの？

家屋など建物は「固定資産税評価額」で評価します

居住用や事業用の建物は、固定資産税評価額がそのまま相続税評価額になります。もちろん、家屋には電気・ガス・水道・エレベーターなど様々な付属設備がありますが、こういった設備も家屋の一部とみなされるので、別に相続税の評価を考える必要がありません。

家屋を建てるとその家屋に固定資産税がかかりますが、家屋の評価額と建築価格とは一致しません。固定資産税評価額は、家屋の建築工事費や取得価格ではなく、一定の計算で市町村が評価することになっています。建築工事費総額の約70％が相続税評価額になります。

居住用のマンションは建物部分と土地部分を別々に次のように評価します。

マンションの評価額＝建物部分の評価額（固定資産税評価額）＋土地部分の評価
　（マンションの敷地全体の評価額×持分割合）

固定資産税評価額が過大に評価されると、毎年の固定資産税も余分に払うことになることはもちろん、相続税まで過大に支払うことになります。集合住宅などを建築した際には、どのような評価方法になっているか、市町村の固定資産税課に問い合わせてみることも大切です。

建物（家屋）の評価額
＝固定資産税評価額

マンション1室の評価方法

マンション1室の評価額＝
建物部分（固定資産税評価額）＋土地部分
（マンションの敷地全体評価額×持分割合）

⑨ 貸しているアパートの評価は、どうするの？

貸している建物は評価額が下がります

●貸家にすると建物の評価額が下がる

一棟のマンション、アパートを他人に貸している場合、建物を借りて居住している居住者は「借家権」という権利があります。その建物をこの場合「貸家」として評価され、他人に貸している借家権の分、相続税評価額が下がります。これは、貸主ではなく借主が住んでいるわけですから、通常の家屋の評価とは違ってきます。宅地を貸宅地や貸家建付地とすることで評価が下がってきたのと同じように、借家人がいるためその家屋を自由に処分できないなどの不便を強いられるからです。貸家の評価は次のように計算します。

貸家の評価額＝建物としての評価額（固定資産税評価額）×（1－借家権割合）

借家権割合は30％となっています。従って、貸家の評価額は建物としての評価額（固定資産税評価額）の70％ということになります。

また、集合住宅の場合、固定資産税評価額から借家権割合と賃貸割合をかけた額になり次のように計算します。

貸家（集合住宅）の評価額＝建物としての評価額×（1―借家権割合×賃貸割合）となります。もちろん、親族等が家賃を支払わないで使っている部屋については、賃貸しているとはみなされません。

貸家の評価方法

貸家の評価額＝
建物として評価額（固定資産税評価額）
×（1－借家権割合）

↑

30%

賃貸アパート、賃貸マンション評価方法

賃貸アパート、賃貸マンションの評価額
＝建物としての評価額（固定資産税評価額）（A）
－A×借家権割合×賃貸割合

↑

全室に対する賃貸している部屋の割合

$$\text{賃貸割合}(\%) = \frac{\text{賃貸している部屋数}}{\text{全室}} \times 100$$

●一棟のビルに自宅と賃貸住宅がある場合（住宅を兼ねた貸家）の評価

住宅付の貸家の場合、相続税評価額を求める場合には、区分計算が必要になります。例えば3階建ての建物で、3階部分が居住用、残りの1階、2階部分が賃貸部分となっているときは次のように計算します。

居住用に使用している3階部分については、固定資産税評価額で評価し、1階から2階までの賃貸部分は貸家としての評価になります。

●建築中の貸家の評価

完成していない建物は、貸家であろうと住宅であろうと、建築費用原価の70％で、評価されます。費用原価は相続時までにかかった建築費用や工賃等を価額に直した額です。その費用明細については請負会社に算出してもらいます。

例

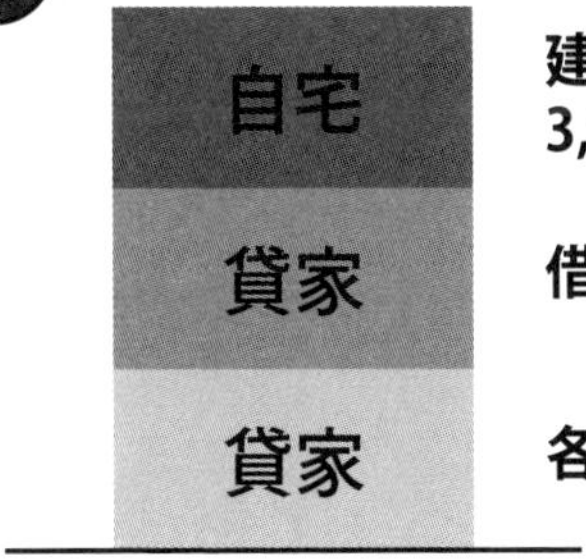

建物全体の固定資産税評価額
3,000万円

借家権割合　30%

各階の面積は同じとする

3階の自宅部分の評価額＝3,000万円×$\frac{1}{3}$＝1,000万円

1階～2階の貸家部分の評価額＝

3,000万円×$\frac{2}{3}$×（1－30%）＝1,400万円

建物全体の評価額＝1,000万円＋1,400万円＝2,400万円

⑩ 株式の評価はどうするの？

上場株式と取引相場のない株式の評価

株式の区分については、大きく分けて上場株式（金融商品取引所に上場されている株式）と中小企業の非上場株式（取引相場のない株式）、いわゆる自社株とに分けられます。

●上場株式の評価額

上場株式の評価は、それぞれの株式において取引相場（取引価格）があり、その価格を基準として評価します。ただし、値動きの激しい株式のような評価を、死亡した日の終値で決めてしまうと、不公平感が残る可能性があるので、次にあげる4通りの評価額のうちでもっとも低い金額で評価します。

①課税時期の最終価格（終値）
②課税時期の属する月の最終価格の月平均額
③課税時期の属する月の前月の最終価格の月平均額
④課税時期の属する月の前々月の最終価格の月平均額

課税時期とは、相続、遺贈、贈与があった日です。相続の場合は、被相続人が死亡した日になります。課税時期に最終価格がないときには、課税時期の前日以前の終値、または、翌日以後の最終価格のうち課税時期に最も近い日の最終価格を採用します。課税時期に最も近い日の最終価格が2つあるときは、2つの額の平均額になります。

①課税時期の最終価格（終値）

②課税時期の属する月の最終価格の月平均額

③課税時期の属する月の前月の最終価格の月平均額

④課税時期の属する月の前々月の最終価格の月平均額

①〜④のうちの最も低い金額で評価します。

課税時期とは？…

相続、遺贈または贈与があった日。相続の場合は被相続人が死亡した日になります。

●非上場株式（中小会社）の評価額

中小会社の取引相場のない株式（日本の会社のほとんどが取引相場のない株式の発行会社です）の計算は、大きく二つになります。1つは、相続、遺贈、贈与などで、取得した株主が同族株主の場合です。同族会社の株式の評価は原則として、会社の業績や資産の内容を株価に反映させる原則的評価方法の「類似業種比準価額方式」または「純資産価額方式」であり、この二つの方式の「併用方式」になります。

もう1つは、同族株主以外の少数株主で、ほとんど配当を受ける権利のみの株主です。会社の配当金額によって株価が計算される「配当還元価額方式」になります。

●純資産価額方式とは？

純資産価額方式は、会社財産（貸借対照表から）を相続税評価額により評価替えした合計額から負債の合計額を引いた金額（いわゆる純資産価額）を発行済株式数で割って、株価を計算する方法です。資産に含み益があれば上がり、含み損があれば下がります。

●類似業種比準価額方式とは？

類似業種比準価額方式は、評価する会社と、評価する会社と業種が類似する上場会社の株価、配当、純資産を基にして、株価を計算する方法です。業績がいい業種ほど株の評価額が高くなります。

●配当還元方式とは？

同族関係者以外の少数株主（会社の支配権をほとんど持っていない株主）の持つ取引相場のない株式は、配当金から逆算的に株価を求める配当還元方式で評価します。

純資産価額方式

$$\left(\text{資産の合計額}-\text{負債の合計額}-\begin{matrix}\text{評価益に対する}\\\text{法人税等相当額}\end{matrix}\right)\div\begin{matrix}\text{発行済}\\\text{株式数}\end{matrix}=\text{1株あたりの純資産}$$

類似業種比準価額方式

$$\begin{matrix}\text{類似業種}\\\text{の株価}\end{matrix}\times\frac{\dfrac{\text{当・配当}}{\text{類・配当}}+\dfrac{\text{当・利益}}{\text{類・利益}}+\dfrac{\text{当・純資産}}{\text{類・純資産}}}{3}\times0.7^{※}$$

類…類似会社のもの（国税庁発表）
当…当社のもの

※:「0.7」は、中会社に該当する場合は「0.6」、小会社に該当する場合は「0.5」となります

配当還元方式

$$\frac{\text{年配当金額}^{※}}{10\%}\times\frac{\text{1株あたり資本金の額}}{\text{50円}}=\text{配当還元価額}$$

$$※\text{年配当金額}=\frac{\text{直前期末以前2年間の配当}}{2}\div(\text{資本金額}\div\text{50円})$$

$$=\text{年配当金額}$$

（2円50銭未満の場合は、2円50銭で計算）

⑪ 海外（外貨建て）財産の評価は、どうするの？

日本円に換算してから評価します

相続財産の評価において、外貨による財産や国外にある財産については、日本円に換算した額を相続税評価額として計算します。

かつては、相続税の節税対策と称して、海外で不動産を購入したり、生前に海外の銀行に財産移動する人が多かったようですが、規制が厳しくなった現在では、その対策の効果は期待できません。相続財産が例え外貨の場合でも、国外の財産でも、相続人の住所や国籍が日本国内にある限り、日本の相続税法に則り相続税が課税されます。

評価の手順

①日本円に換算する

②日本円に換算したものを相続財産に加算し、ほかの財産と同じように計算する

規制が厳しくなり、現在は海外に資産を移しても税金対策としてのメリットはありません

⑫ 仮想通貨（暗号資産）に相続税はかかるの？

仮想通貨で相続税を物納することはできません

ビットコイン等の仮想通貨は相続財産として扱われます。基本的には相続開始日の売却価格が仮想通貨の相続税評価額となります。相続人が他の相続財産同様、適切な相続税評価額をもって、相続申告を行わなければなりません。仮想通貨の相続税評価額は「活発な市場が存在する場合」と「活発な市場が存在しない場合」で評価が異なります。活発な市場とは、継続的に価格情報が提供されている場合で、残高証明書の金額、売却価格が公表されています。活発な市場がない仮想通貨は、内容や性質、取引実態などを勘案して個別にします。パスワードがわからずに取得できない仮想通貨にも相続税が課税される可能性があります。法的整備が追い付いていないのが現状だと思います。仮想通貨の相続は生前から、換金の仕方や取引所の口座、パスワード等のメモを残しておくことが重要です。

第5章

トラブルをおこさない遺言書の書き方

● 遺言書には落とし穴があり
書くにあたり注意すべき点など説明します。

① 遺言書は、書いた方がいいの？

「相続争い」を避けたければ遺言書は残すべきです

相続人の間で、どうしても分割協議書の作成が不可能で、将来に「相続争い」が生ずると予測されるのであれば、トラブルを最小限にするために、選択肢として遺言書の作成をしなければなりません。遺言書がある場合は、基本的には遺言書通りに遺産分割することになります。

遺言の効果は相続の開始、つまり遺言を遺した人が死亡したときに発生します。遺言書の形式が適切だとしても、書かれている内容が全て法的に有効とは言えません。たとえば「葬式は質素に行うべし」「遺骨は散骨してほしい」といったことが書いてあったとしても、遺族たちは全て必ず守らなければならないというものではありません。次に掲げた10項目以外は、残された家族の意思にゆだねられることになります。また、遺言書は何度書いてもかまいません。最後に書いたもののみが有効になります。従って、遺言の内容はいくらでも変更することができます。

遺言書がある場合

法定相続分に関係なく
遺言書通り遺産分割する

遺言書に書けること

①子の認知
②遺言執行者の指定
③遺贈
④後見人・後見監督人の指定
⑤相続人の廃除
⑥相続分の指定
⑦遺産分割方法の指定
⑧遺産分割の禁止（5年間禁止可）
⑨相続人相互の担保責任の指定
⑩遺贈に関する遺留分減殺方法の指定

遺言は15歳以上で可能

② 遺言書が特に必要な人は、どんな人なの？

遺言書で全ての財産争いが防げるわけではありません

「遺言書」は、死亡した人の意思なので何よりも優先されるべきです。なぜなら、財産を処分する権限は所有者が持っており、それは生前も死後も変わらないと考えられるからです。しかし、遺言書で全ての相続争いが防げるわけではありません。主要財産について相続人を特定し、それ以外の財産は相続人全員の分割協議に任せることも大切です。遺留分に食い込むような遺言は、権利関係を複雑化させ争いの原因になります。遺言書があれば、遺言書は何よりも優先され「相続争い」の原因となる相続人同士の話合いの余地がなくなるので、「相続争い」が生じる可能性が低くなります。

また、遺言を書くときは「遺言執行者」を遺言書の中に、指定しておくことを是非お勧めします。遺言執行者は、遺言の執行をスムーズに行う者で、相続財産の管理その他遺言の執行に必要な一切の行為をする権利義務を有しています。これにより、遺言執行者が決まっている遺言の効果は、相続人の中で反対者が出ても登記等の執行が可能となります。

①子供のいない夫婦

②子供たちの仲が悪い人

③相続人がいない人

④相続人が海外にいる人

⑤孫など相続人以外の人にも
財産を渡したい人

⑥先妻（夫）の子供と後妻（夫）、
後妻（夫）の子供がいる人

⑦企業のオーナー

⑧農家

③ 遺言書にはどんな種類があるの？

遺言書には、守らなければならない厳格な決まりがある

遺言の効果が生じるのは本人が死んだ後ですので、その内容が真実なのか確認することができません。従って、遺言する人の意思を正確に伝え、遺言の偽造・変造を防ぐために、遺言にあっては厳格な方式が定められています。適当に、紙に書いて残したとしても無効、無意味になります。

遺言書は、大きく分けると普通方式と特別方式に分けられますが、一般的に使われるのは普通方式です。特別方式は、遭難した船の中で死亡の危急が迫ったときや、伝染病などの交通を絶たれた場所にいる人に使われる方式です。

そして、普通方式の遺言書には、①自筆証書遺言、②遺言公正証書、③秘密証書遺言の3種類があります。これらを区別しているのは、作成方法と保存方法による違いです。例えば、自筆証書遺言は、直接本人が書くのに対して、遺言公正証書は、公証人が作成します。きちんと遺言書を残したいのであれば遺言公正証書をお勧めします。作成した遺言書は公証人役場等で保存されるので、紛失や破棄されたりする危険はありません。

3種類の遺言書の比較

	自筆証書遺言	遺言公正証書	秘密証書遺言
難易度	最も簡単	難しい	やや難しい
費用	ほとんど掛からない	公証人役場手数料 証人依頼代	公証人役場手数料 証人依頼代
証人	不要	二人必要	二人必要
保管	本人・推定相続人・遺言執行者、受遺者、友人等	原本は公証人役場、正本と謄本（写し）は本人、推定相続人、受遺者、遺言執行者など	本人、推定相続人、遺言執行者、受遺者、友人など
秘密性	遺言の存在、内容共に秘密にできる	遺言の存在、内容共に秘密にできない。証人から内容が洩れる可能性がある	遺言の存在は秘密にできないが、遺言の内容は秘密にできる
紛失・変造	共にある	紛失の場合は再発行できる。変造の可能性はない	共にある
検認	必要	不要	必要
特に有利な点	費用がほとんど掛からない。証人が必要でなく、いつでもどこでも簡単に書ける。新たに作り直すことも容易にできる	家庭裁判所での検認が必要ない。公証人が作成するので、無効な遺言書となること、変造されることが少ない。紛失しても謄本を再発行してもらえる	公証人役場に提出するので、作成日が特定できる。費用があまりかからない
特に不利な点	紛失、変造、隠匿（隠すこと）等の可能性が高い。遺言の要件を満たしていないと無効な遺言となる可能性がある。家庭裁判所での検認が必要	費用が余分に掛かる	紛失、変造、隠匿（隠すこと）等の可能性がある。遺言の要件を満たしていないと無効な遺言となる可能性がある。家庭裁判所での検認が必要
お勧め度	★★	★★★★★	お勧めしません

④ 遺言書作成の注意点は？

遺言書作成のポイントはいろいろあります

それぞれの遺言書の作成方法を説明します。

①自筆証書遺言

自筆証書遺言書は制度改正により、添付する財産目録をパソコンで作成できるようになり、登記事項証明書や通帳のコピーを添付できるようになりました。保管制度により自筆証書遺言書の紛失や偽造の恐れを心配することなく、安全に保管し続けることが確実となり、これまでよりも利用しやすくなりました。しかし、自筆証書遺言書の本文そのものは、すべて直筆で書かなければならないことには変わりません。保管制度の利用で利用の様式の確認はできますが、遺言書の有効性を保証するものではありませんので、その点は注意が必要です。

②遺言公正証書

遺言公正証書は、公証人役場で遺言の内容を口頭で公証人に伝え、公証人に公正証書として作成してもらうものです。その際は、二人の証人に立ち会ってもらい、遺言者が遺言の内容を公証人に口頭で伝えます。次に、公証人が筆記したものを遺言者と証人に承認してもらい署名押印してもらいます。遺言書の原本は公証人役場で保管してもらいます。

公正証書のメリットは、偽造・変造・紛失の心配がほとんど無く、死後に家庭裁判所に検認に行く必要がないため相続業務が進めやすい点です。作成時には、手間と時間がかかり、証人に遺言の内容が知られてしまうデメリットもありますが、最も確実な遺言であるといえます。

③秘密証書遺言

秘密証書遺言は、自分で作った遺言書に封印をしたものを、公証人役場に持参します。証人二人と共に出向きますが、内容を秘密にすることができます。自分の遺言書が存在していることを、公証人と証人の前で申述し公証してもらいます。内容の自筆は要件とされていないので、ワープロを使っても、代筆してもかまいません。遺言公正証書と違い、原本は自分で保管します。

秘密証書遺言のメリットは、内容が秘密にできることにありますが、本人が保管するため紛失する恐れがあります。この遺言書は、死後に家庭裁判所で検認する必要があります。

⑤ 遺言書を見つけたらどうすればいいの？

遺言書を発見しても、すぐに開封してはいけません

遺言書を発見したら、自筆証書遺言と秘密証書遺言の場合は、速やかに家庭裁判所へ遺言書を持っていき、検認してもらう必要があります。検認とは、家庭裁判所が遺言書の内容や存在を確認する手続きです。

この際に気を付けなければいけないのは、封印のある遺言書の開封は、相続人や代理人の立ち会いのもと家庭裁判所でしなければなりません。開封してしまうことによって、改ざんの恐れもあり、信憑性に欠けてしまうからです。不用意に開けてしまうと、5万円以下の過料に処せられますので要注意です。

ただし、遺言公正証書は、遺言書の原本が公証人役場に保管してあるので検認の必要はありません。

遺言公正証書以外の遺言書の場合

……………………… 家庭裁判所に「検認」の請求をする

遺言書が封印されていた場合

……………………… 家庭裁判所で開封する

遺言書を見つけても勝手に開封してはいけない。罰金に処せられます

⑥ 遺言書の落とし穴とは？

農地がある場合の遺言書は要注意

①農地を遺贈するときの注意点

●遺贈で農地を移転する場合は、「包括遺贈」にする

農地（畑）の権利を移転する場合には、通常の宅地等の移転に比べて様々な制約があります。このうち、主なものに農地法3条、4条、5条の申請・許可があり、要約すると次表の通りになっています。

農地は、農業従事者（農業生産法人含む）しか売買できないといわれるのは農地法3条に5000㎡の基準があるからです。また、相続では農業をしない子供が農地を取得できるのも3条の規定によります。遺贈で農地を移転する場合は、「包括遺贈（財産を一定の割合で特定する）」に限られ「特定遺贈（財産を特定する）」は3条の許可が必要になります。

従って、相続人以外の人に、農地を遺贈する場合の遺言書の書き方は注意を要します。

●法定相続人とトートーメー承継者が異なる場合の対応

農地は、相続で取得する場合には、農地法所定の許可申請は不要となっています。また、遺

贈で農地を移転する場合には、包括遺贈でなければなりません。従って、遺言書を包括遺贈（例えば、全財産を包括的に「遺贈する」）の形式にします。法定相続人とトートーメー承継者が異なる場合には、承継者（孫）と被相続人が養子縁組をすると、孫は法定相続人になりますので、農地の包括遺贈の問題はクリアできることになります。

特定遺贈になっている遺言書の例

遺言公正証書

本公証人は、遺言者金城太郎の嘱託により、証人A、証人Bの立会いをもって、左の遺言の趣旨の口述を筆記し、この証書を作成する。

第壱条　遺言書は、遺言者の所有に係る次の不動産を、孫Cに遺贈する

（1）沖縄県中頭郡読谷村字長浜××××××××番地
　宅地　壱参六平方メートル

（2）沖縄県中頭郡読谷村字長浜××××××××番地
　畑　壱六四平方メートル

右遺言者及び証人に読み聞かせたところ、各自筆記の正確なことを承認し、左に署名押印する。

遺言者　金城　太郎
証人　A
証人　B

那覇地方法務局所属　公証人　××××××

※事例説明のため、簡略化しています。

	3条申請	4条申請	5条申請
目的	農地を農地として所有権を売買、贈与する	自己の農地を宅地等に転用する	農地を宅地等に転用する目的で所有権を移転する
許可権者	原則：農業委員会	原則：都道府県知事	原則：都道府県知事
備考	・取得後の農地面積5,000㎡未満の者は許可されない ・相続による取得者の場合は許可不要 ・遺贈は包括遺贈に限る	・4ヘクタール超の転用は、農林水産大臣の許可が必要 ・市街化区域内の農地についてはあらかじめ農業委員へ届けた場合は、許可不要	

②遺言書の解釈によって異なる「相続」と「遺贈」

相続人に「A土地を与える」とか、「全財産の2分の1を与える」などの表現をしている遺言書があります。この「与える」というのは、遺言者の意思として「遺贈する」ということなのか、遺産分割の相続分の指定として「相続させる」ということなのか疑問が残ります。遺言書に基づいて不動産の所有権移転登記をする場合、登記手続き上、遺贈を原因とする場合と、相続を原因とする場合とでは、登録免許税が異なります。

（相続を原因とする場合）

・登録免許税の税率は1000分の4

（遺贈を原因とする場合）

・登録免許税の税率は1000分の20

・農地の特定遺贈の場合は、農地法所定の許可書を必要とする

実務上は、遺言書の全文から、遺言者の意思を読み取ることになりますが、「与える」「譲る」の言葉でなく、明確に「相続させる」としましょう。

③相続税が多くなるような分割（遺言書）

・配偶者の税額軽減を最大限利用していない遺言

（意識的に、二次相続を考慮して税負担を多額にすることもある）

・小規模宅地等の評価減（80％割引）の適用ができない遺言
（適用できない相続人もいる）
・相続税の取得加算の特例が受けられない遺言
（特例の適用を受ける人が、相続や遺贈により不動産を取得してない）

遺言と異なる遺産分割は有効か？

民法は、遺産分割の一般的基準として「遺産の分割は、遺産に属する物又は権利の種類及び性質、各相続人の年齢、職業、心身の状態及び生活の状況その他一切の事情を考慮してこれをする」と定めている。従って、結論からいうと、民法上遺産分割については、相続人全員により、全く自由に行うことができるわけである。

遺言による財産分割を「遺贈」という。遺贈を受けるかどうかは相続人等の自由であり、断ることも可能。これを遺贈の放棄という（民法986条）。遺贈の放棄は遺言者の死亡時に遡って発生し（同条Ⅱ）、初めから遺贈を受けなかったことになるので、遺産分割協議書をつくるということは、遺贈の放棄をしたうえで、改めて相続人全員で遺産分割の話し合いによって、相続人全員が納得する財産分けをすることも有効となる。しかし、遺言は本人の意思であるから、できるだけ尊重すべきであるといえる。

④納税資金を考慮していない

・不動産のみを相続させる遺言
（納税資金がないために、せっかく相続した土地を売却するか、延納や物納を考えなければならないこともある）

⑤分割の不平等から生ずるトラブル

・遺留分を考慮していない遺言
（遺言が不服の場合には、遺留分の減殺請求ができます）
・財産の種類や相続税評価方法からくる不平等
（貸宅地等にみられるような、評価額と時価とのギャップで分割した財産の価額に不平等がある）
・全部の相続財産が細かく明示されている遺言
（どうしても相続してもらいたい主要財産を指定し、その他の財産は相続人間の分割にまかせる）
・連帯保証債務等の債務分割が無い遺言
（債務分割について詳しく触れられていない）

⑥遺言書のトラブルを回避する遺言代用信託とは！

遺言と信託（家族信託）は補完関係にあります。

・信託で遺産の受取を指定する

遺言と同様の機能（資産の受取人を指定する）を持たせつつも、生前に「信託契約」により信託を設定する仕組みを「遺言代用信託」といいます。死亡した時に、信託契約で指定した者（特定の相続人等）に相続財産を承継させる仕組みです。文字通り「遺言に代わって用いられている信託」というスキームです。

・信託で遺言書に欠けている機能を補完する

●遺言書は常に書き換えることができる

遺言書は、遺言者の意思で、何度でも書き直すことができます。また、紛失・改ざん・隠匿・隠ぺい等々の問題も残ります。遺言の内容を確定し、遺言者の単独で変更できないようにすることができます。

●遺言書では指定された相続人が一括で財産を受け取る

遺言書では「誰にどれだけの財産を相続させるか」までしか指定できません。相続人が財産を受け取ってしまえば、その使い道については全く制限がありません。財産を共有名義にすることもありますが、後々の共有トラブルも発生します。

・財産を受け取るときの条件を付けることができる

●財産を承継する者の条件（トートーメーを承継する者であること）

●年齢に関する条件（若いと浪費、労働意欲等が心配である場合には、一定の年齢を条件とする）

●金額に関する条件（一括に相続させないで、毎月の受取金額や回数等を決める）

●相続財産の使用目的に関する条件（医療介護、子供の教育、子供の事業資金等を目的とする）

⑦何世代にもわたる財産承継の道筋を設定できる

遺言書において「妻に相続させ、妻が死んだら長男に相続させる」と記載しても、民法の規定上、無効になります。しかし、信託の仕組みを利用すれば、信託がされてから30年を経過した後の制限はありますが、「妻から長男、長男が死亡したら孫」にと、財産の承継が可能となります。これを、受益者連続型信託と言います。受益者を次の世代にまで指定できますが、デメリットも多く報告されています。運用にあたっては細心の注意が必要です。

以上のことを考慮して、完全な遺言書を作成することは、プロでも難しいといえます。

沖縄県の場合は、相続人が県外や国外にいる場合が少なくありません。

遺産分割協議書を作成する時に、容易でない場合が多々あります。遺言書（特に遺言公正証書をお勧めします）によって誰に財産を相続させるかを指定しておけば、その人だけで相続登記が可能となります。

相続人の所在がつかめない、海外に居住している等々、遺産分割協議書の作成ができず、相続登記が数十年間も放置されている事態が少なからず生じています。子孫に禍根を残さないためにも遺言書は必ず作成したいものです。

家族信託は遺言書よりも優先される

○先に遺言書、後から家族信託契約を結んでいた場合

生前に個人財産の承継者を決める場合、最後に意思表示したものが優先される

○先に家族信託契約書、後から遺言書を書いていた場合

家族信託契約で生前対策をする財産（信託財産）は本人（委託者）の財産ではなくなる

○遺言は民法（一般法）に基づく制度、家族信託は信託法（民法の特別法）に基づく制度です。法律の原則として、「特別法は一般法より優先」しますので、「家族信託は遺言に優先」するのです

第6章

相続・贈与の発生から、諸手続き方法を知っておこう

● 相続税申告までのスケジュールを解りやすく説明します。

① 相続税申告までの流れはどうなっているの？

死んだその日から相続はスタートします

相続税の申告期限は、「相続開始（死亡）があったことを知った日の翌日から10カ月以内」です。「10カ月もあるから大丈夫」と思われるかもしれませんが、この間に遺族の皆さまがやらなければならないことは沢山出てきます。

相続税の申告に向けて取り組むのは、一般的には49日の法要を終えてからだと思います。

相続とは、亡くなった人が所有していた財産を引き継ぐことです。財産にはプラスの財産である資産だけでなく、マイナスの資産である負債も含まれます。もし遺産の中で、財産より借金が多い場合には3カ月以内に「相続放棄」の手続きをする必要があります。

また、遺言書がない場合には相続人間で、遺産分割の話合いを始めなければなりません。

●葬儀後の主な手続き一覧

手続き	期限	手続き先	内容
死亡届	7日以内	市区町村役場	死亡診断書とセットで提出する必要があります
電気・ガス・水道・電話等の公共料金関係の名義変更手続き	すみやかに	各契約先	電気・ガス・水道は電話で、電話加入権は郵送で手続きをします
生命保険の保険金請求、または名義変更	すみやかに	保険会社	手元に保険証書を用意して、まずは、保険会社に電話で連絡し、必要書類や手続きの流れを聞きます
高額医療費の支給申請	2年以内	市区町村役場、健康保険組合など	1ヵ月間（同月内）に同一の医療機関で掛かった費用を世帯単位で合算し、自己負担限度額を超えた分について支給されます
葬祭費の請求	2年以内	市区町村役場、健康保険組合など	国民健康保険の場合は葬祭費、健康保険の場合は埋葬料が支給されます
年金・一時金等の請求	内容による	市区町村役場、社会保険組合など	未支給年金、遺族年金や死亡一時金等、受給の権利があるものについて請求することで支給されます
運転免許証	すみやかに	警察署	そのまま返却しましょう
預貯金・株式等の名義変更	すみやかに	各銀行や証券会社などの金融機関	通帳や印鑑等を用意して、金融機関に必要書類や手続きの流れを聞きます
不動産の名義変更	登記義務化	法務局	司法書士に依頼し、名義変更手続きを行います
準確定申告	4ヵ月以内	税務署	生前、確定申告が必要な所得があった場合には、準確定申告書を提出します。税理士または税務署へ相談しましょう
相続税申告の準備	10ヵ月以内	税務署	相続財産の基礎控除（3,000万円＋法定相続人の人数×600万円）を越える場合に必要です

② 葬式費用は控除できるの？

領収書が出ない費用は、こまめに明細をメモしておく

相続税を計算するうえで、葬式費用は債務と同様に相続財産から差し引くことができます。葬式費用は被相続人の債務ではありませんが、相続に伴う必然的な出費であり、相続財産の中から負担すべきものと考えられています。

ところで、葬式費用と言っても、その土地の習慣や宗教などによって様々であり、その全てが相続財産から差し引くことができるというわけではありません。相続税法上は次の基準で、葬式費用になるものとならないものに分けられています。

なお、葬式自体も、死亡した被相続人の社会的地位や遺産などから見て、過大すぎると見なされる場合、控除の対象から外されることがあります。身分不相応な葬式費用は、控除できない仕組みになっています。

◎葬式費用になるもの

葬式費用になるものの具体例は次のとおりです。

①葬儀会社への支払い

②お布施、戒名料などお寺への支払い

③お通夜や、告別式の費用

④タクシー代などの交通費

これらの葬式費用の領収書は、必ず、保管するようにしておいて下さい。なかには領収書が出ない費用もありますが、その場合には、支払日、相手先、金額などの明細を記録しておけば葬式費用と認められます。

◎葬式費用にならないもの

①香典返戻費用

受け取る香典には相続税も所得税もかからないため、香典返しの費用は葬式費用として認められません。

②墓碑や墓地の購入費等

墓碑や墓地、仏具などは相続財産から除かれます。従って、これらの購入費用も葬式費用として認められないことになります。

③法会（命日）に要した費用

初七日、四十九日などの法会（命日）に要した費用は、葬式のためのものではないため葬式費用には含まれません。

④医学上または裁判上の特別の処理に要した費用

③ 準確定申告ってどうするの？

死亡の日から4カ月以内にしなければなりません

所得税の確定申告は、通常1月1日から12月31日までの1年間の所得と税額を計算して、翌年2月16日から3月15日までの間に行います。年の途中で死亡した場合には、その年の1月1日から死亡の日までの所得を計算して、所得税を納めなければなりません。これを所得税の準確定申告といいます。準確定申告は、死亡の日から4カ月以内にしなければなりません。申告する人は相続人です。準確定申告により納付した所得税は、相続税の計算上、債務として相続財産から差し引くことができます。また、準確定申告には還付申告も含まれます。還付された所得税は相続財産に含まれます。

準確定申告と言っても、申告書の書き方等は、通常の確定申告とほぼ同じです。準確定申告の専用申告書はないので、通常の申告書に「準」または「準確定申告」という文字を追加記入して使用します。ただ、準確定申告の場合には、死亡した者の所得税の確定申告書付表（相続人等に関する事項・相続人等の代表者の指定等を記入します）の提出も必要になります。

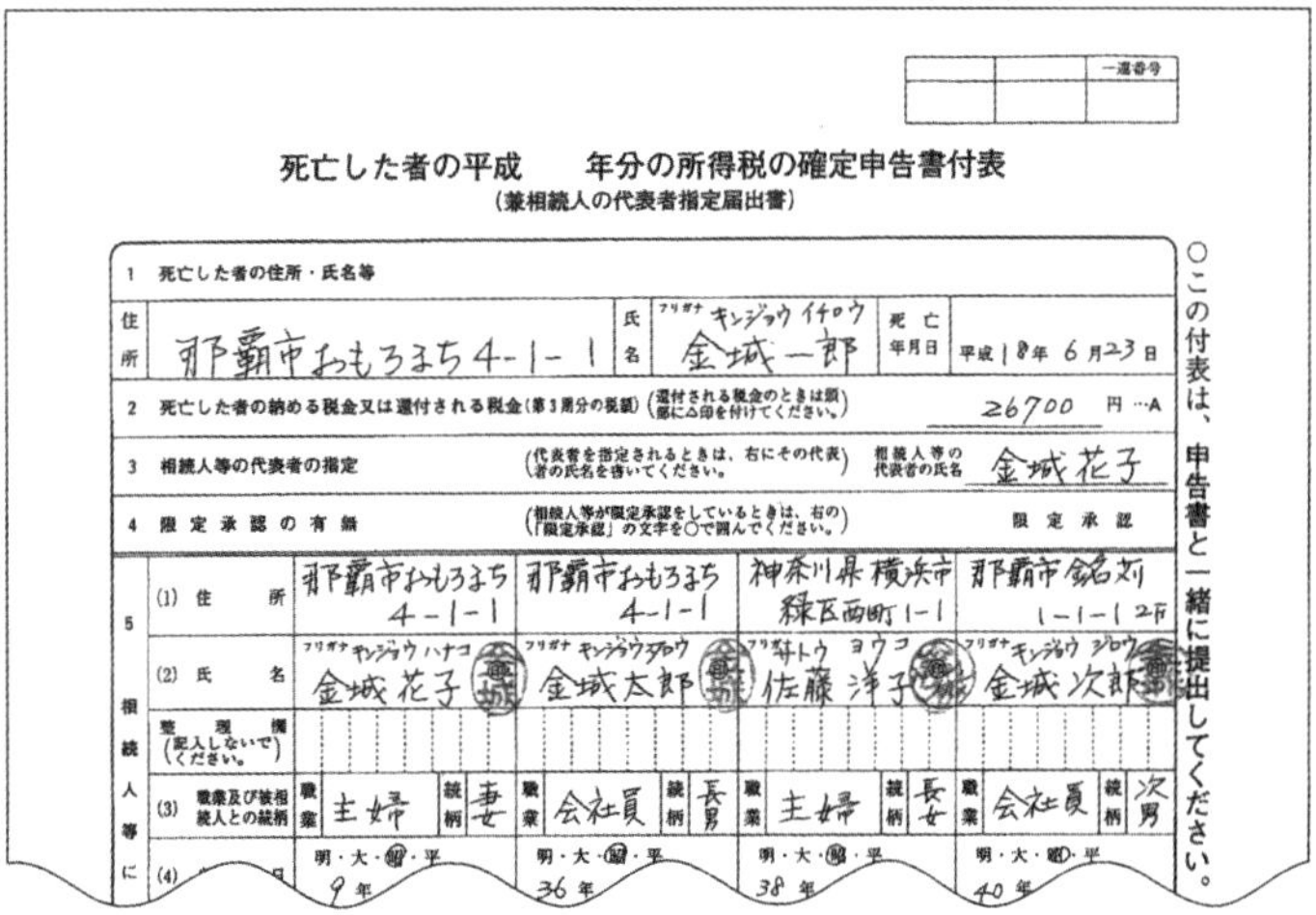

一連番号

死亡した者の平成　　年分の所得税の確定申告書付表
（兼相続人の代表者指定届出書）

1 死亡した者の住所・氏名等				
住所	那覇市おもろまち4-1-1	氏名	フリガナ キンジョウ イチロウ 金城一郎	死亡年月日 平成18年6月23日
2 死亡した者の納める税金又は還付される税金（第3期分の税額）	（還付される税金のときは頭部に△印を付けてください。）		26700 円…A	
3 相続人等の代表者の指定	（代表者を指定されるときは、右にその代表者の氏名を書いてください。）		相続人等の代表者の氏名	金城花子
4 限定承認の有無	（相続人等が限定承認をしているときは、右の「限定承認」の文字を○で囲んでください。）			限定承認
5 相続人等に (1) 住所	那覇市おもろまち 4-1-1	那覇市おもろまち 4-1-1	神奈川県横浜市 緑区西町1-1	那覇市銘苅 1-1-1 2F
(2) 氏名	フリガナ キンジョウ ハナコ 金城花子	フリガナ キンジョウタロウ 金城太郎	フリガナ サトウ ヨウコ 佐藤洋子	フリガナ キンジョウ ジロウ 金城次郎
整理欄（記入しないでください。）				
(3) 職業及び被相続人との続柄	職業 主婦 続柄 妻	職業 会社員 続柄 長男	職業 主婦 続柄 長女	職業 会社員 続柄 次男
(4)	明・大・昭・平 9年	明・大・昭・平 36年	明・大・昭・平 38年	明・大・昭・平 40年

○この付表は、申告書と一緒に提出してください。

※この申告書付表は、死亡した人の所得税について相続人や包括受遺者（死亡した人から包括遺贈を受けている人をいいます）が確定申告をするときに使用するものです。

④ 相続財産を調査するためのポイントは？

死亡した日（相続開始日）の適正な時価で評価します

●財産の調査

調査する財産は、資産だけでなく債務も含まれます。また生命保険金や死亡退職金をもらうことができるかどうかも調べておく必要があります。

次のようなものも相続財産に含まれますので、注意してください。

①被相続人が買入れた不動産で、まだ所有権移転の登記をしていないもの
②被相続人が相続した不動産で、その相続登記がなされておらず、先代名義となっているもの
③被相続人が買入れた株式で、まだ名義の書換えをしていないもの
④被相続人が所有していた預貯金・公社債・割引債・貸付信託及び証券投資信託の受益証券で、家族名義や第三者名義、無記名にしてあるもの

なお、被相続人が売却した不動産や株式で名義変更の手続きがされてないものは、たとえ被相続人の名義になっていても相続財産ではありません。

●みなし相続財産と3年以内の贈与加算

相続税のかかる財産は、亡くなった人の所有していた財産である「本来の相続財産」のほかに、「みなし相続財産」・「3年以内の贈与財産」・「相続時精算課税制度を選択した贈与財産」があります。

相続開始前3年以内に、被相続人から贈与によって取得した財産は、相続税の対象になります。その財産の価額は、財産を取得した時の評価額です。この規定は、相続によって財産を取得した人だけに適用されるので、相続によって財産を取得していない人（遺贈を受けていない人）は、対象とされることはありません。なお、すでに納付した贈与税は、相続税から差し引くことができます。

相続時精算課税制度については、第7章を参照して下さい。

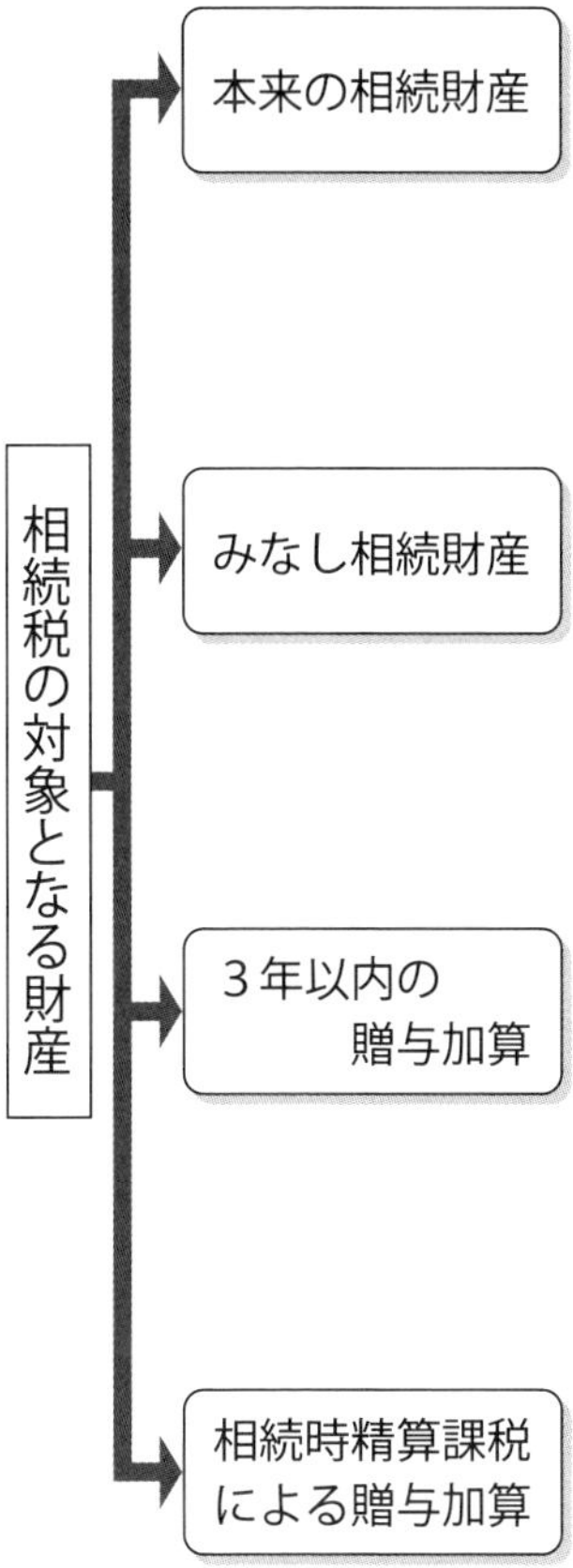

⑤ 遺産分割協議の進め方のポイントは？

相続人全員の意見を聞く姿勢が大事です

沖縄県においては、トートーメー（位牌）を誰が承継するかによって、たびたび「相続争い」が生じます。まず、中心的に遺産分割を進めていく長男（トートーメー承継人）の心構えとしては、現在の法律は「諸子均分相続」であり、遺産分割に不平等感があってはいけないということです。トートーメー承継人だからといって、いきなり分割案を提示するのはよくありません。祖先代々の財産と祭祀を司りながら、トートーメーを引き継いで行くという謙虚さが大切だと思います。

遺産分割協議の進め方のポイントは次の通りになります。

①中心的に遺産分割協議を果たす人（相続人代表）は、すべての相続人に会います。
まずは、別々に会って、遺産分割協議の進め方や方向性を把握しておいたほうが無難かもしれません。

②同時に、税理士とも相談して分割協議の方向性を打ち合わせしておきます。

③もしも、一部の相続人に問題がある場合には、個別に税理士と話し合ってもらっておきま

しょう。

④相続人全員に集まってもらい、相続人が作成した遺産分割協議の叩き台を提示して、検討してもらいます。できるだけ、その場で全員の意見をまとめるようにします。個別に説明したい相続人がいる場合には、事前に税理士と打ち合わせをしておきましょう。

①中心的に遺産分割協議を果たす相続人は、すべての相続人に会います

②すべての相続人の意見を聞く

③税理士と方向性を決める

④遺産分割のたたき台をつくる

⑥ 遺産分割協議書の作成方法は？

相続人全員が揃わない分割協議は無効です

相続人全員の話合いである遺産分割協議の結果、どのように遺産分割するか合意したら「遺産分割協議書」を作成することになります。遺産分割協議書の作り方にルールがあるわけではなく、また様式が特に定まっているということもありません。また、遺産分割協議書は、不動産の相続登記などの名義変更や銀行預金の払い戻しのときにも必要となります。

遺産分割協議書に、各相続人が署名・押印します。また、相続人全員分の印鑑証明書を用意する必要があります。書式は縦書きでも横書きでも自由ですが、相続財産の記載に際してはなるべく具体的に記載します。特に、不動産は登記簿謄本の記載をそのまま書きましょう。

それから、相続人のうちに、未成年者がいる場合には、特別代理人が未成年者に代わって遺産分割協議を行います、また、相続人に行方不明者がいる場合には、不在者財産管理人を選任して作成します。

遺産分割協議書

遺産分割協議書
及び
他に相続人がいないことの証明書

被 相 続 人　金 城　　榮
（平成２３年　1月　１日死亡）
本　　　籍　中頭郡読谷村字長浜×××番地
最 後 の 住 所　宜野湾市字宇地泊×××番地
登記簿上の住所　宜野湾市字宇地泊×××番地

上記被相続人の死亡により、その共同相続人の全員において、遺産分割につき協議を行った結果、各相続人が、次のとおり遺産を分割取得する事に決定した。
なお、相続人は、金城　政、大城　子、仲宗根　子、（不在者）金城　雄 以外に存在しません。

１．相続人 金城　政 が取得する遺産
所　　在　中頭郡読谷村字宇座判多原
地　　番　×××番
地　　目　原野
地　　積　６５８㎡

～省略～

現金１０万円については、下記のとおり分割する。
１．相続人 金城　雄 が取得する。

以上のとおり相続人全員による遺産分割協議が成立したので、これを証するため本書を作成し、記名押印する。

平成２３年　8月　１日

【相続人 金城　政 の記名押印】
住　所　宜野湾市字宇地泊×××番地
氏　名　金　城　　政　　　㊞

～省略～

【相続人 金城　雄 の記名押印】
上記相続人 金城　雄 不在者財産管理人
住　所　宜野湾市大山一丁目××番××号
氏　名　金　城　　一　　　㊞

作成にあたっての注意点

- 誰が何をどれだけ相続するか明記する
- 不動産は登記簿謄本の記載をそのまま書く
- 協議後にあらたな財産が見つかった場合のことも決まっていれば書いておく
- 相続人全員が署名、捺印し、実印の印鑑証明のついたものを各相続人が１通ずつ保管する

⑦ 分割協議がまとまらなかったら、どうするの？

話合いがダメなら家庭裁判所で決めてもらいます

遺産分割協議は、相続人のうち誰が何を相続するのかの話合いであり、裏返せば、お互いの権利主張を戦わせる場でもあります。その結果、何度分割のための協議を行っても一向にラチがあかない、または、遺産分割協議に顔を出さない者も出てくるといった事態も起こりがちです。このような場合には、各相続人は遺産分割を家庭裁判所に請求することができることになっています。

家庭裁判所へ調停を申し立てることも、審判を申し立てることもできます。ですから、最初は調停の申し立てをする方がよいでしょう。

調停というのは、最高裁判所により民間人から選ばれた家事調停委員（2人以上）と家事審判官（裁判官）とからなる調停委員会で、話し合って解決を図るものです。調停を何度しても話がまとまらなければ、審判の手続きに移ります。審判は裁判の一種で、家事審判官が職権により事実の調査をしたり、証拠調べなどをしたりして相続分に応じて妥当な分割をするものです。もちろん当事者の意見を十分考慮した上で判断はくだされます。なお、審判に不服があれば、審判書を受け取ってから2週間以内に高等裁判所へ即時抗告することができます。

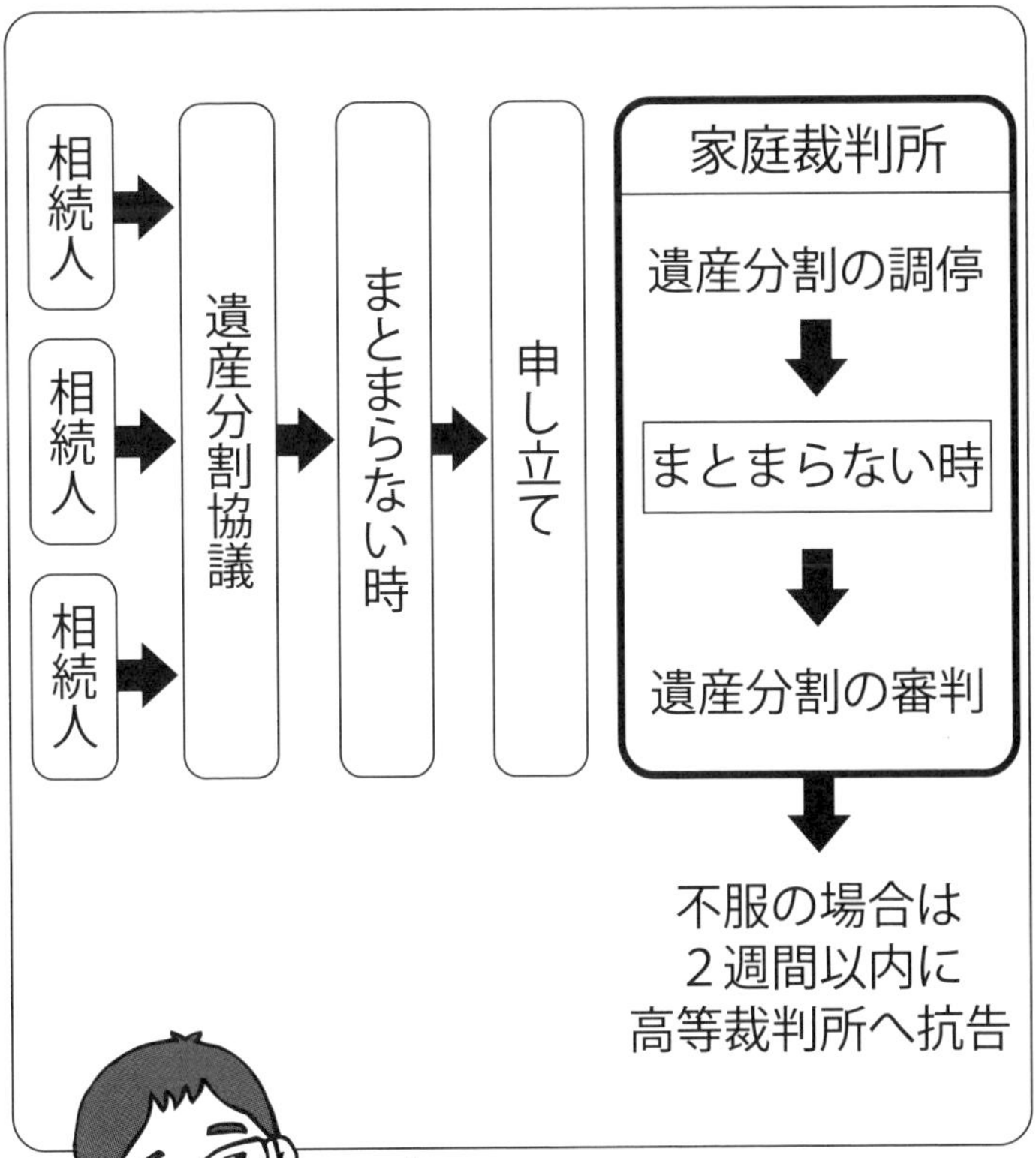

8 財産の名義変更をするには、どうするの？

不動産については名義人変更が義務化されました

遺産分割協議書ができれば、その内容に従って、それぞれの相続財産は各相続人の所有物になります。しかし、それだけでは、財産を処分することができません。不動産や株式を売却する時や預貯金を払い出すには、その名義を自分のものにしておく必要があります。また、相続登記が申請義務化（令和6年4月1日施行）されました。相続により（遺言による場合を含みます）不動産を取得した相続人は、相続により所有権を取得したことを知った日から3年以内に相続登記の申請をしなければなりません。

①不動産の名義変更

不動産の名義変更は、かなり面倒なので、時間が取れない人は、司法書士に依頼する方がいいでしょう。また、不動産の相続登記には、登録免許税がかかりますが、不動産取得税は免除されます。

②預貯金の名義変更

銀行は、預金者が亡くなったことを知ると、被相続人名義の預金を凍結してしまいます。金融機関のこの行為は遺産保全のための措置で、遺産分割が確定するまで続きます。どうしても、葬式費用や当面の生活費にも困ってしまうときは、一定の書類（各金融機関によって異なりますのでご確認ください）を提出することにより、一定額を引き出すことができます。

③株式の名義変更

証券取引所（上場株式）については、証券会社の取引口座の名義を変更しなければなりません。次に、株式名簿に記されている被相続人の名義を相続人の名義に変更してもらいます。その手続きも証券会社が代行してくれます。ほかに、自動車も名義変更が必要ですが、手続きと必要書類は次で確認して下さい。

相続財産	手続きの場所	必要となる書類
不動産	法務局（司法書士事務所）	・登記申請書 ・被相続人の除籍謄本および戸籍の附票 ・相続人の印鑑証明書 ・相続人の住民票の写し ・遺産分割協議書 ・相続人の戸籍謄本 ・登記する不動産の固定資産税評価証明書 ・登記する不動産の登記簿謄本
預貯金	預け入れ金融機関	・被相続人と相続人の戸籍謄本 ・通帳 ・遺産分割協議書 ・相続人全員の印鑑証明書
株式	・証券会社 ・株式を発行している法人等	・株式、株式名義書換請求書 ・被相続人と相続人の戸籍謄本
電話	電話局	・電話加入承継届 ・被相続人と相続人の戸籍謄本 ・相続人の印鑑証明書
自動車	陸運局事務所	・自動車車検証 ・移転登録申請書 ・被相続人と相続人の戸籍謄本 ・相続人の印鑑証明書

⑨ 生命保険金の請求は、どうするの？

保険金の受取人が保険会社に請求する

生命保険金は、被相続人が所有している財産ではなく、保険会社から、受取人に支払われる受取人に直接帰属する財産です。従って、受取人に指定された人が保険会社に請求することになります。

請求の際には、次のような書類を提出します。保険会社によって用意する書類が異なる場合もありますので、詳しくは保険会社へお問い合わせください。

また、生命保険金の受取人が一人だけならスムーズに支払を請求できますが、受取人が２人以上指定されているときや、受取人が単に「相続人」とされているときは、代表者が請求の手続きをする必要があります。

そこで、受取人全員の協議で代表者を決め、その人が保険金の支払いを請求することになりますが、請求の際には、保険会社から代表選任届けなど、代表者の資格を証明するものを要求されると思われます。

生命保険金の請求

死亡保険金の受取人に指定されている者が各種書類を用意して保険会社に請求する

請求に必要な書類

①保険金請求書（保険会社所定の物）
②保険証券
③死亡診断書（死体検案書）
④被相続人の住民票及び戸籍謄本
⑤保険金受取人の印鑑証明書
⑥災害事故証明書
⑦交通事故証明書

必要書類は各保険会社に事前に確認しておきましょう

⑩ 相続税申告書はいつ、提出するの？

相続開始10カ月以内に被相続人の住所地に提出します

●申告書は、相続開始10カ月以内に被相続人の住所地の税務署長に提出する

申告書の提出期限は、相続税の納付期限と同じく、「相続開始を知った日の翌日から10カ月以内」となっています。例えば令和5年4月1日が相続開始の日とすると、令和6年2月1日までに相続税の申告書を提出しなければなりません。申告書の提出期限の日が土曜日、日曜日、祝日などの休日にあたる場合は、次の最初の平日が提出期限となります。

これは、相続人の住所地には関係ありません。例えば、相続人が東京や大阪に住んでいたとしても、被相続人の住所地が沖縄にあった場合には、相続人全員が沖縄で申告します。

●相続税が0円でも申告しなければならない場合がある

相続財産の金額が、基礎控除を下回る場合には、相続税の申告は必要ありません。ただし、配偶者の税額軽減・各種の税額控除・小規模宅地等の評価減の結果、相続税が0円になった場合は、申告する必要があります。これらの税額控除や特例についての適用は、申告することが

条件になるので注意しましょう。

また、基礎控除ぎりぎりでも、税務署から「相続税の申告のご案内」が送られてきたときには、積極的に申告しておくことをお勧めします。なぜなら、後で、財産が見つかり、相続財産に変動が生じ、申告義務が起きた場合に、「無申告加算税」の対象にならないための対応です。

申告書の提出先は？

被相続人の住所地の税務署

↑

相続人の住所地は関係ない

申告書の提出期限は？

相続開始を知った日の翌日から10ヵ月以内

つまり

被相続人が死亡した日の翌日から10ヵ月以内

申告書の提出期限の日が土曜日、日曜日、祝日など休日にあたる場合は、次の最初の平日が提出期限になります

⑪ 相続税を納付できない場合、どうするの？

納付は現金一括が原則ですが、「延納」・「物納」の方法があります

相続税を、現金で一括納付することが困難なときは、「延納」と「物納」を検討します。「延納」は、相続税を分割して支払う方法です。例えば、相続税４０００万円を延納する場合は、毎年８００万円ずつ5年に分けて支払います。延納期間は原則5年ですが、相続財産に占める不動産の割合が大きい場合は最高20年まで認められます。なお、延納を認めてもらうには、相続税の申告期限内に延納申請書を提出して、税務署長の許可が必要になります。

一方、「物納」は、金銭ではなく不動産などの特定の相続財産で納付する方法です。「物納」についても延納と同じように、物納が認められる条件があります。

なお、物納申請後に延納が可能になった場合は、一定の条件を満たせば、延納に変更することができますが、逆に延納申請後に物納への変更は、資力の状況の変化等がない限りできません。

延納・物納が認められるための条件

- 納めるべき相続税額が 10 万円を超える
- 期限内に金銭で納めることが困難な理由がある
- 担保を提供できる
- 期限内までに延納申請書を提出する

担保にできるもの

国債及び地方債、社債、土地建物、税務署長等が確実と認める保証人の保証

- 延納でも金銭で納められない理由がある
- 金銭で納付することが困難な金額である
- 物納できる相続財産がある
- 期限内までに物納申請書を提出する

物納できる財産と物納順位

1. 国債および地方債
2. 不動産および船舶
3. 社債および株式ならびに投資信託
4. 動産

収納価額は、物納しようとする財産の相続日時点での相続税評価額となる

⑫ 相続税申告が間に合わない場合、どうするの？

未分割の場合でも法定相続割合で申告しておきます

相続税の申告書は、原則として相続の開始があったことを知った日の翌日から、10カ月以内に被相続人住所地を所轄する税務署長に提出しなければなりません。相続財産が分割できないということは、分割に異議等のある相続人がいるということです。ただ、次のような事由が生じた場合には、その事由が生じた日から1カ月以内に申告期限が到来するときは、2カ月の範囲で申告期限を延長することできます。

①相続人の認知・廃除等相続人に移動があったとき
②遺留分の侵害額請求があったとき
③遺贈に関する遺言書が発見されたとき
④遺贈の放棄があったとき
⑤死亡退職金等の支給が確定したとき等

また、胎児がある場合で、その胎児が生まれることにより、すべての相続人等について申告義務がなくなるときは、その胎児が生まれた日後2カ月の範囲で申告期限の延長をすることができます。

遺産分割で争ったり、遺産の調査に時間がかかったり等、すべてを申告期限内に把握できない場合であっても、相続税申告の提出が遅れると、無申告加算税・延滞税などの不必要な費用が発生します。従って、遺産分割がもめていたり、遺産の調査が不十分で全てを期限内に把握できなかったりする場合であっても、申告期限までに遺産分割がされなかった場合は、各相続人が民法の規定による相続分（法定相続分・代襲相続分）により、未分割財産を取得したものとして課税価格を計算し、申告期限までに申告書を提出することをお勧めします。その後、できるだけ早い時期に分割協議を整え、遺産の調査を済ませて修正申告等を行うようにします。

修正申告書を提出した場合、原則として過少申告加算税が課税されますが、調査や更正を予知しないで行った修正申告の場合は、過少申告加算税は課税されないことになっています。

しかし、相続人同士がもめていて、期限内申告書を提出することが困難なときは、相続人共同提出をあきらめて、相続人各人別々に相続税の申告書を提出すれば、その相続人については無申告加算税等の課税を回避できます。

申告期限に遅れて無申告加算税や延滞税を課税されないように最大限の努力をしたいものです。

⑬ 贈与税の申告と納税は、どうするの？

贈与税には、物納の制度はありません

●贈与を受けた人が申告する

その年の1月1日から12月31日までの1年間に、贈与を受けた財産の合計額が110万円を超える（配偶者控除を適用しないで納付税金がある人・相続時精算課税制度の適用を受ける人も申告します）人は、贈与税の申告をしなければなりません。贈与をした人は関係ありません。

●贈与を受けた人の住所地の税務署に申告する

贈与税の申告は、贈与を受けた人の住所地を所轄する税務署長に提出することになっています。贈与をした人の住所地は関係ありません。

申告書の用紙は、どこの税務署にも備えられて、誰でももらうことができます。

●翌年2月1日から3月15日までに申告する

贈与税の申告は、贈与を受けた年の翌年2月1日から3月15日までの間に提出することになっています。贈与税の申告期限を過ぎても、税務署長の決定通知があるまでは申告書を提出することが出来ます。ただし、この場合には、贈与税の5%または15%の無申告加算税が課税

延納要件

・税額が10万円を超えること

・延納申請書を提出していること

・担保の提供があること（延納税額が50万円未満で延納期間3年以下は不要）

・金銭で一括納付が困難なこと

・税務署長の許可

延納期間

・最長５年

利子税

原則年7.3%

されます。

●贈与税は分割して払うことができる

贈与税には、相続税のような物納は認められません。しかし、一定の要件のもと贈与税を分割（延納）で払うことができます。この延納制度を利用する場合には、「延納許可申請書」を申告期限までに提出しなければなりません。

第7章

これで安くなる！相続・贈与の節税対策から事業承継まで

● 簡単で効果的な節税方法から新しい
発想の節税方法を解りやすく説明します。

① 相続税と贈与税の違いとは！

最高税率はどちらも55%ですが、贈与税の方が負担は大きい

相続税とは、人の死亡によって財産を譲り受けた者に対して課税される国税です。また贈与税とは、現金や不動産をもらったときに、もらった者に課税される国税です。このように、相続税と贈与税は共に、財産を受け取った人が支払う義務のある税金です。

では、相続税と贈与税はどちらが重い税率なのでしょうか。次図の表からも分かるように、圧倒的に贈与税の方が負担の重い税金となっています。

贈与税は年間１１０万円までは税金がかかりませんが、年間１０００万円超の財産をもらったら40%最高税率に達してしまいます。それに比べて相続税で40%の最高税率に達成するのは1億円超という額になります。

また、税金を免除される基礎控除の額にも大きな違いがあります。

●相続税の基礎控除＝３０００万円＋法定相続人の人数×６００万円
●贈与税の基礎控除＝年間１１０万円

贈与税が相続税より重税になっているのは、相続税の負担を逃れる手段として、不当に財産を減少させることを防ぐためです。そこで、「贈与税は相続税の補完税」とも言われています。

ただし、特例等を使えば相続税、贈与税の基礎控除を大きくすることができます。

■相続税の速算表（平成 27 年 1 月 1 日以後相続開始分）

法定相続分に応ずる各人の取得金額		税率	控除額
	1,000 万円以下	10%	—
1,000 万円超	3,000 万円以下	15%	50 万円
3,000 万円超	5,000 万円以下	20%	200 万円
5,000 万円超	1 億円以下	30%	700 万円
1 億円超	2 億円以下	40%	1,700 万円
2 億円超	3 億円以下	45%	2,700 万円
3 億円超	6 億円以下	50%	4,200 万円
6 億円超		55%	7,200 万円

（基礎控除：3,000 万円＋600 万円×法定相続人の数）

■贈与税（暦年課税）の速算表（令和 4 年 4 月 1 日以後）

① 18 歳以上の者が直系尊属から贈与を受けた場合の税率（特例税率）

基礎控除後の課税価格		税率	控除額
	200 万円以下	10%	—
200 万円超	400 万円以下	15%	10 万円
400 万円超	600 万円以下	20%	30 万円
600 万円超	1,000 万円以下	30%	90 万円
1,000 万円超	1,500 万円以下	40%	190 万円
1,500 万円超	3,000 万円以下	45%	265 万円
3,000 万円超	4,500 万円以下	50%	415 万円
4,500 万円越		55%	640 万円

② ①以外の贈与の税率

基礎控除後の課税価格		税率	控除額
	200 万円以下	10%	—
200 万円超	300 万円以下	15%	10 万円
300 万円超	400 万円以下	20%	25 万円
400 万円超	600 万円以下	30%	65 万円
600 万円超	1,000 万円以下	40%	125 万円
1,000 万円超	1,500 万円以下	45%	175 万円
1,500 万円超	3,000 万円以下	50%	250 万円
3,000 万円越		55%	400 万円

②

贈与税の暦年贈与とは？

その年の1月1日から12月31日までの間にもらった財産に課せられる

●暦年贈与の効果を検証する

贈与税（暦年課税方式）は、毎年１１０万円（複数の人から受けた場合にはその合計額）の基礎控除を超えて贈与を受けた人に対して課税されます。ですから、一度にたくさんの財産を贈与すると贈与税が多額になるため、相続税を減らすための生前贈与には意味がありません。

しかし、年間に贈与税の基礎控除の範囲内、つまり１１０万円以内の金額を毎年少しずつ贈与していけば、贈与税を支払わずに財産を親から子へ移転することができます。また、現金以外にも、土地や自社株を基礎控除の範囲で、贈与することもできます。

相続人２人に、毎年２９０万円ずつ、10年間贈与を行った場合の効果

○10年間の贈与税の総額（２人分）

２９０万円－１１０万円＝１８０万円

贈与税の計算　１８０万円×10％（贈与税の速算表より）＝18万円

生前贈与の総額２９０万円×２人×10年＝５８００万円

10年間の贈与税　18万円×2人×10年＝360万円

相続税は、相続人1人あたり相続財産のうち相続税の速算表によると5000万円を越える部分については、30％もの税率が適用されています。この部分の290万円にはその30％である87万円もの相続税が課せられているということです。

しかし、生前に290万円を贈与すれば、その贈与税額は18万円となり、相続人が被相続人から290万円取得するのに、相続を原因とするか、贈与を原因とするかで69万円もの差が生じることになります。

○生前贈与の効果は69万円×2人×10年＝1380万円になります。

●暦年贈与の令和5年（2023年）改正点

相続開始前3年以内に贈与された財産は、贈与がなかったものとして相続財産に含めることとされています。このことを「持ち戻し」といい、持ち戻しが行われると生前贈与しても相続税の節税にはなりません。この持ち戻しの対象となる暦年贈与が、これまでの相続開始3年以内から7年前に拡大されました。この改正は2024年1月1日移行に行われる贈与から適用されることになりました。

③ 受益権を毎年贈与して相続税対策をする

信託受益権を贈与する

●信託受益権を贈与したときの課税は

信託受益権は贈与することができます。例えば、委託者（父）・受託者（長男）・受益者（父）であった父から受益者を長男に変更した場合、その変更により、長男は当初の受益者であった父から贈与により受益権を取得したとみなされ長男に贈与税が課税されます。

例えば、信託財産である不動産（アパート）の帳簿価額２０００万円で、時価が４０００万円、相続税評価額が３０００万円だとすると、長男には３０００万円の不動産の贈与をうけたものとみなされ、３０００万円に贈与税が課税されます。ただし、重度の障害を持つ子供の将来を考えて、親が死んでしまった後の子供の生活費、療養費等を給付する信託契約「特定贈与信託」の場合は、最大６０００万円までの贈与は非課税となります。（普通障がい者は３０００万円）

●贈与税の「非課税枠110万円相当」での受益権を分割贈与

信託受益権は、原則として自由に譲渡（及び贈与）することができます。しかし、受益権が勝手に他者に移転されてしまうと、受託者の当初の信託目的が達成されなくなる場合もでてきます。そこで、信託契約において、受益権の譲渡制限の定めを設定することが出来ます。

受益権を分割して長男に贈与すれば、結果として父と長男の２人が受益者となります。そして、暦年贈与によって毎年１１０万円相当の受益権の贈与を続け、最終的にすべての受益権を生前贈与してしまえば、無税で全ての相続財産を息子へ承継させることができます。

ちなみに、信託登記の変更に係る登録免許税は、１つの不動産につき１０００円です。普通に不動産の所有権を贈与（例えば、共有登記）するよりも、登録免許税は安くなっています。受益権の長男に対して不動産取得税は課税されません。

④ 相続時精算課税のしくみとは？

精算課税贈与か暦年贈与かはもらった人が選択する

相続時精算課税の効果を検証する

相続時精算課税制度とは、簡単に言えば相続時にもらえる遺産を先渡しする分には贈与税は、非課税にしましょう、ということです。その代わり相続時に、贈与された財産と相続財産を足した額に相続税がかけられるということになります。

この制度の適用対象は、60歳以上の親や祖父母から、18歳以上の子供（孫も含む）への贈与になります。暦年贈与でいくか、相続時精算課税贈与でいくかを選択するのは、受贈者（贈与される人）の意思決定です。一旦、税務署長に所定の届出をすれば、その子供が親から受け取る贈与は、全て相続時精算課税として取り扱われます。

この制度を選択すると、贈与財産2500万円まで非課税、非課税枠を越えた金額に対しては、一律に20％の贈与税が課税されます。また、一度に2500万円全額を贈与する必要はなく、複数年に分けて贈与しても大丈夫です。

●相続時精算課税の効果の事例

○前提条件

贈与財産の贈与時の評価額……………４０００万円

贈与財産の相続時の評価額……………１５０００万円（値上がりした場合）

その他の相続財産……………１００００万円

相続人……………配偶者・子供１人

相続時精算課税を採用しない場合の負担税額（相続税）は２４６０万円です。相続時精算課税を採用した場合の負担税額は（贈与税＋相続税）は７８０万円となり、相続時精算課税を採用した場合には１６８０万円の節税になります。

（単位：万円）

		相続時精算課税を採用しない	相続時精算課税を採用する
贈与税の計算	①贈与した金額		4,000
	②特別控除		2,500
	③課税贈与額（①－②）		1,500
	④贈与税額		300
相続税額の計算	相続税の課税価格	25,000	14,000
	基礎控除額	4,200	4,200
	相続税の総額	4,920	1,560
	配偶者の軽減額	－2,460	－780
	贈与税額控除	0	－300
	⑤相続税額	2,460	480
	負担税額（④＋⑤）	**2,460**	**780**

5

贈与して得な財産を考える！

将来予測の見極めが大切です

●精算課税贈与と暦年課税贈与どちらが有利

相続時精算課税制度は相続時に、贈与された財産と相続財産を足した額に相続税がかけられるということです。これは将来、相続税がかからない、いわゆる相続税の基礎控除以内でおさまる遺産の人には、大変有利な税制といえます。

この制度を利用すると、毎年110万円ずつの基礎控除のある暦年贈与という制度には戻ることができません。長年にわたってコツコツ贈与を行うのであれば、相続時精算課税制度よりも暦年贈与制度の方が有利な場合もあります。

●相続時精算課税制度のメリット・デメリットとは？

①将来値上がりしそうな資産を先に贈与しておく

相続の際に加算される価額は、贈与時の価額が基準になります。つまり、相続時に贈与された財産の価値が上がると、その差額分だけ相続税を節税したことになります。なお、相続時精算課税で贈与を受けた土地・建物が被災を受けた場合は相続時に再計算する見直しを行います。

②倍率方式を採用している土地を贈与する

倍率方式から路線価方式に評価方法が変わると土地の評価が上がる。

③アパートやマンションなどの収益物件を贈与する

家賃収入は贈与された人に入ることになります。親の財産の増加防止や子供の将来の相続税の納税資金に使えますが、親の所得を分散することにより、所得税の節税対策にも有効です。

④生前贈与した財産が値下がりした

①とは反対に、相続時に贈与した財産の価値が下がると、その差額分だけ相続税が上がることになります。

⑤親よりも子が先に死亡した場合

相続時精算課税を利用した子が先に死亡した場合、孫が相続人になります。しかし、この制度は、自動的に孫に承継されてしまいます。仮に、親の相続開始時に、この制度で譲り受けた財産をほとんど消費してしまっているような場合、孫は財産をもらっていないにも関わらず、相続税を負担することになります。

万能ではない！大きなデメリットは３つ！

相続時精算課税制度のデメリット

①生前贈与した財産が値下がりした時に相続税の計算上不利になる

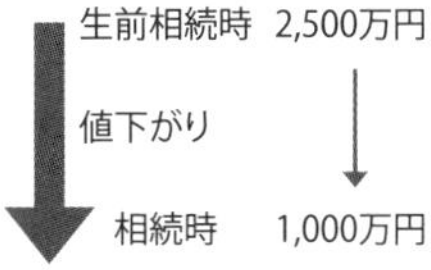

相続時の計算上は、2,500万円が相続財産に計上される

②贈与税の110万円の基礎控除が使えなくなる

③親よりも子が先に死亡した場合に不利になる場合も

⑥ 贈与税の配偶者控除を利用しよう！

配偶者控除を利用すれば２１１０万円まで無税になります

●配偶者への居住用不動産に関する贈与は２１１０万円まで無税

婚姻期間が20年以上の夫婦の間で、居住不動産または居住用不動産を取得するための金銭の贈与が行われた場合、最高２０００万円までは贈与税がかからないという制度です。贈与税の基礎控除１１０万円と組み合わせると２１１０万円までは、その年の贈与税はかかりません。ただし、この特例を受けるためには、次図のような適用要件を満たさなければなりません。

また、将来自宅を売却する場合にもこの特例は有効です。通常、自宅を売却すると３０００万円の特別控除が受けられます。そこで、夫婦で自宅を共有（所有権の半分を配偶者に特例を使って贈与しておく）にしておけば、夫婦合わせて６０００万円まで特別控除を受けることが可能となります。このように配偶者への２０００万円贈与控除は、相続税のみならず所得税の節税にも有用な制度です。

●配偶者控除分は、相続開始前３年以内でも相続税はかからない

通常、相続開始前3年以内の贈与財産の場合は、その贈与財産も相続財産に加算されること

になっています。しかし、この贈与税の配偶者控除は、相続開始前3年以内の贈与であっても、相続財産に加算されないので節税対策として有効です。

●家族のために最小限度の財産、住宅だけでも残してあげたい

誰かの連帯保証債務者になっている場合、将来、主たる債務者が破綻しますと、債権者から債務の代位返済を迫られるおそれがあります。家族のために住む家だけでも残してあげたい場合の緊急避難的措置としても有効なので、専門家とよく相談したほうが良いでしょう。

適用要件

①婚姻期間20年以上の夫婦間の贈与である

②居住用不動産もしくは居住用不動産の購入資金の贈与である

③贈与された居住用不動産に翌年の３月15日まで住む予定である

④同一の配偶者からの贈与で、この配偶者控除を受けていない

⑤贈与税の申告書を提出すること

2110万円まで
贈与税がかからない

⑦ 贈与するなら現金よりも不動産で！

贈与税・相続税対策であれば不動産の方がお得！

贈与税というのは、税率が10％～55％まで推移する累進課税です。つまり金額が高くなるにつれて税額が高くなっていく税金です。ですから、贈与する財産の金額をできる限り低く抑えることが、贈与税の節税につながります。

例えば、現金1億円を贈与すれば、その1億円の贈与に対して4799万円の贈与税がかかってしまいます。これに対し、時価1億円の土地・建物を贈与した場合には、贈与税の課税対象（課税価格）は1億円にはなりません。この理由については、贈与税の課税対象となる金額は、土地や家屋については、実際の購入又は建築価格ではなく、その評価方法については、国税庁が定めた「財産評価基本通達」により評価します。

まず家屋については、固定資産税評価額が課税対象になります。その金額は建築価額の60％程度となります。また、土地については、倍率方式や路線価方式で評価することになっていますが、この評価額は実勢価格の約70％～80％程度になります。例えば、親が5000万円の土地を買って、その上に5000万円の建物を建築してから子供に贈与したとすると、建

不動産を贈与したほうがお得

物の評価額は５０００万円×60％＝３０００万円、土地の評価額は５０００万円×70％＝３５００万円となり、評価額の合計額が土地と建物で６５００万円になります。その評価額に対して６５００万円の贈与税は２８７４万円になり、現金１億円を贈与するよりも、贈与税が１９２５万円も節税できることになります。

なお、沖縄の軍用地は地上権等控除後（60％）が贈与税の評価額になります。節税幅は一般の土地よりもはるかに大きいといえます。

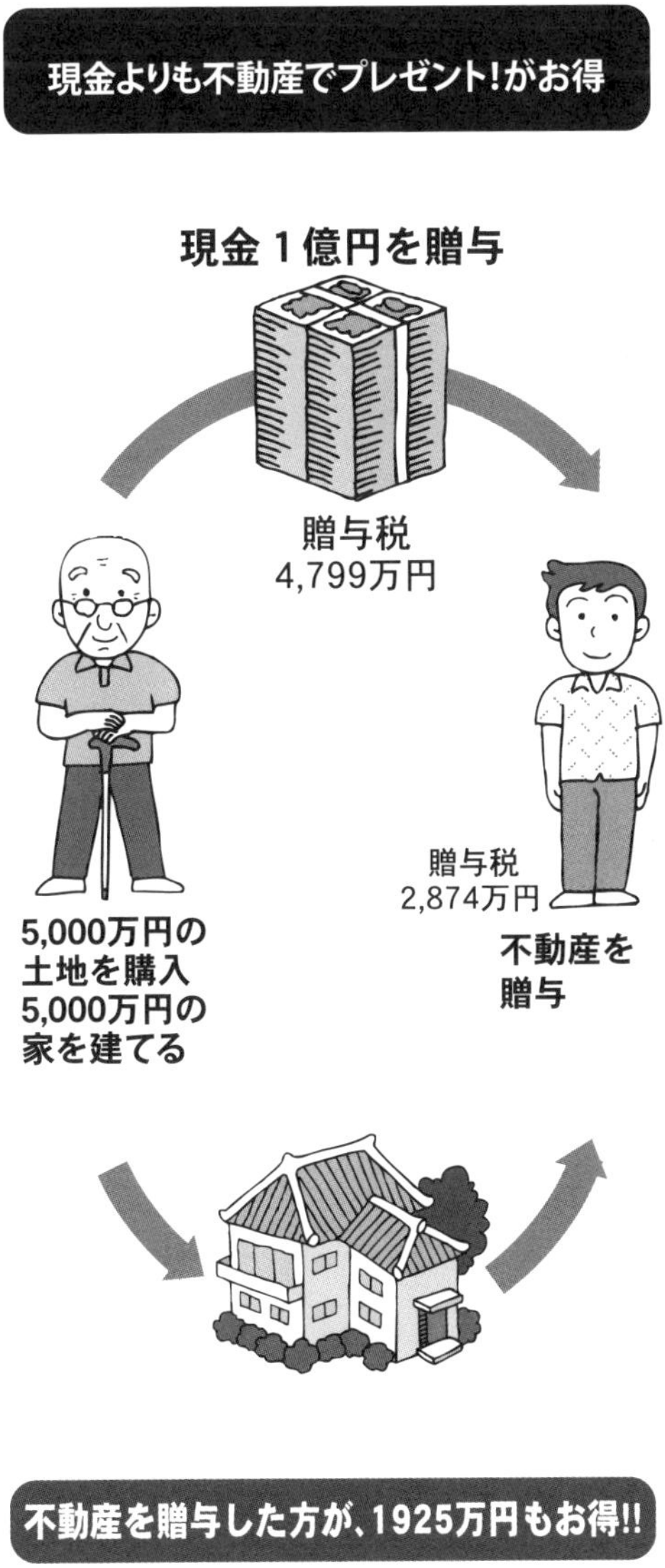

8 高層マンション等の購入で相続税を節税する方法！

不動産購入価額と相続税評価額に差額が出ることを利用した節税に警鐘

●高層マンション（タワーマンション）の節税

那覇市内に立ち並ぶ高層マンション、間取りが同じ（専有面積）であれば、2階でも30階（50階）でも、相続税評価額は同じ（現在は、固定資産税の課税方法が見直されていますが、節税への影響額は小さいと考えられています）になっていました。ところが、実際の販売価格は、階層が上がれば、眺望などにプレミアムが付き、数千万円も違うのが普通です。

一戸建ての住宅を購入した場合、その建物と土地が財産になります。では、マンションの一部屋を買った場合には、建物（区分所有の一部屋）と敷地権（建物の敷地を利用する権利）が財産になります。この建物・敷地権の相続税評価額と、購入価格（時価）の差が非常に大きいことを利用して、相続税を減少することが可能となります。ちなみに、那覇市内のおもろまちにそびえる某高層マンションを試算してみると、販売価格が４０００万円に対して、固定資産税評価額は８４０万円です。一般の建物が建築価額の約60％が固定資産税評価額であるとすれば、高層マンションは販売価格に対して21％の固定資産税評価額になっています。国税庁の調査では、購入価格と相続税評価額には、平均で3・04倍の乖離があるとされています。言い換えると、約2／3もの評価額を圧縮することができることを意味しています。

マンション節税が否認される場合

・判断能力（認知症等）がない状態で契約する
・相続直前に購入し、相続直後に売却する

マンションの購入で否認されない場合

・購入した部屋が自宅であれ賃貸用であれ、相続税の節税が主たる目的ではない客観的な証明
・購入した部屋をできるだけ長く保有する

●不動産の取引価格と相続税評価額とが大きく乖離している節税

「不動産の時価（取得価額）と路線価（評価通達）とが大きく乖離していることを利用して、納税者が相続税の負担を圧縮しようとした租税回避」は、国税庁により「著しく不当と認められる」と否認され、最高裁判所が、最近「課税庁の処分」を認める判決を示しました。

判決の概要

・被相続人は94歳で死亡
・杉並区の8階建てマンション……8億円で購入（借入残6億円）
・川崎市の7階建てマンション・・5億円で購入（相続後5億円で売却）
・相続税対策によるマンション購入であることを承知していた「結果、相続税0円」
・不動産鑑定評価により課税庁は、評価額8億円・・相続税2億円とし決定処分した

最高裁判所の判決によると、路線価や固定資産税評価額による評価は「著しく不適当」であり。不動産鑑定評価額を採用することが、税法にある「平等の原則」や「公平性の観点」から課税庁の処分を認める判決が示された。

否認されないための注意点

①不動産を取得してから相続発生時までの経過期間
②被相続人が不動産を取得した経緯
③時価と路線価による評価額との乖離割合（60％以下が目安）
④不動産鑑定評価及び収益還元法の採用（鑑定評価を認めない判決も少なくない）
⑤銀行借入の際の「銀行の稟議書」に「相続対策のための不動産購入……」とされていた
⑥相続税の節税目的だけの不動産購入は否認の恐れあり、将来の購入目的を明確にする。

なお、判決は大きな乖離がある理由だけで、例外規定（評価通達以外）が認められるものではないとも指摘しています。今後、高齢者が相続税の軽減を目標として不動産投資を行う場合には、慎重な判断が必要となります。

時価と評価額の乖離

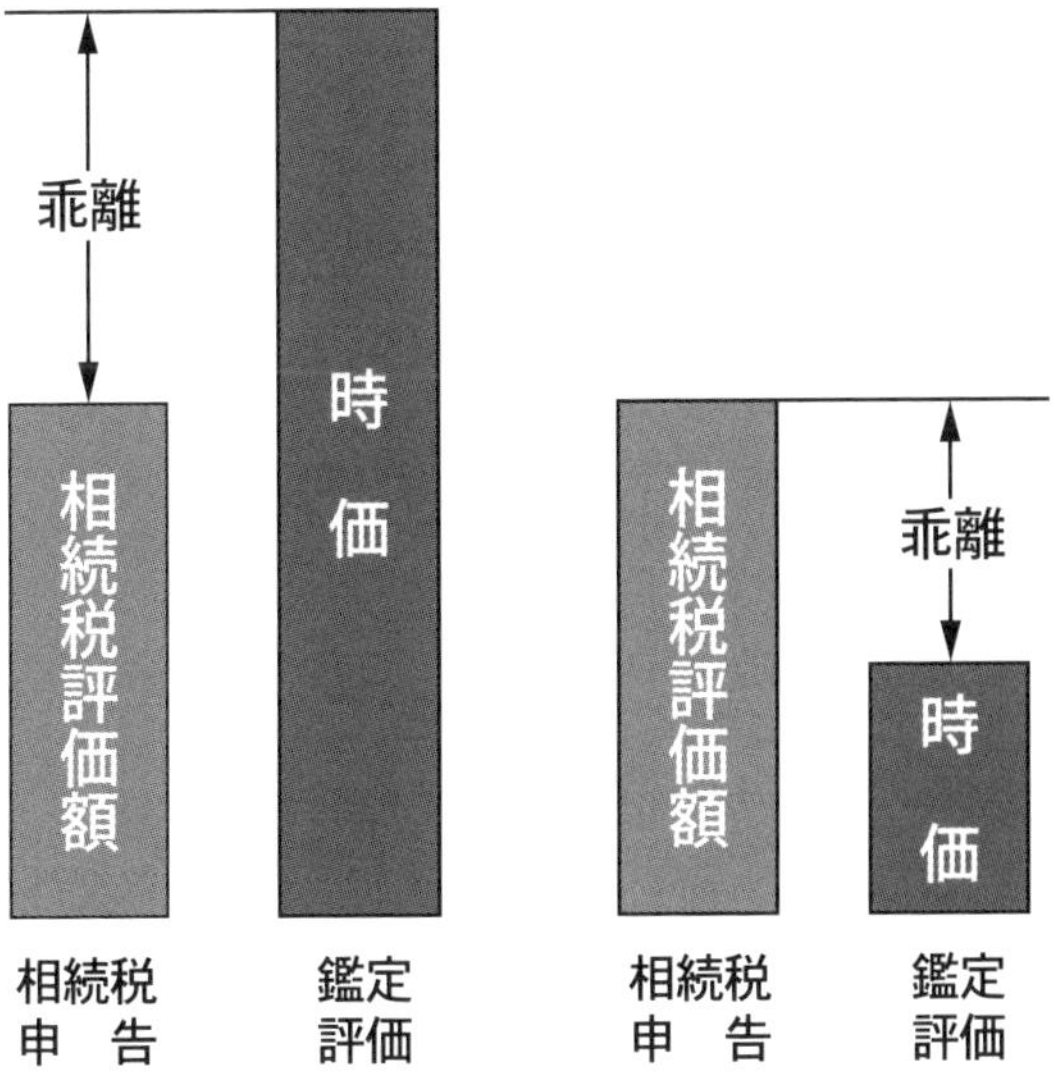

相続税法第 22 条には相続財産の評価は「時価」でおこなわれることが明記されています。税務実務では相続税評価額「路線価」が「時価」とされています。

この事例の場合、相続税評価額が「路線価」となり、時価との乖離を否認しました。しかし、時価を上回った場合には相続税評価額で相続申告をすることになっています。なぜか矛盾を感じます。

9 不動産の鑑定評価による評価減は認められるか？

路線価より低い場合は相続税が安くなる可能性がある

相続税申告における土地の評価方法は、①路線価方式（路線価×地積）、②倍率方式（固定資産税評価額×倍率）が代表的な方法です。これは、「財産評価基本通達」という、国税庁が土地の評価に関する取り扱いを、全国的な統一を図るために定めたものであり、必ずしも従わなければならない強制的なものではありません。相続税法では、相続により取得した土地は、相続開始における時価で評価することになっています。従って、路線価で評価した土地が、実勢価格を上回る場合には、国税庁が出している路線価ではなく、不動産鑑定士による鑑定評価を用いてもよいことになっています。

財産評価基本通達による評価方法は、一般的な評価方法を記載したものであるため、特殊な土地のケースを想定した詳細な評価方法は記載されていません。そこで、財産評価基本通達では評価を下げることが難しそうな特殊な土地については、不動産鑑定士による評価を行えば大幅に評価を下げることが可能になります。ただし、不動産鑑定士の鑑定評価に基づいて申告したとしても、その評価額が直ちに認められるわけではありません。鑑定士が算定基準に採用した「第三者間取引事例等」の内容が個々に検討され、税務署に否認されることも多々あります。
そこで、不動産評価額が時価と比較して高いと思われるときは、第三者の観点である不動産鑑定評価で相続税の減額の余地があるのかを検討してみましょう。

財産評価基本通達に従った評価方法

①路線価×地積（路線価方式）

②固定資産税評価額×倍率（倍率方式）

③不動産鑑定評価

土地の評価を下げるには、不動産鑑定評価という方法や市町村の固定資産税評価額そのものを訂正・補正することも当然にできるのです。財産には「その財産特有の事情」などもありますから、そのような事情も考慮しながらおこなうという評価の大原則があります。

⑩ こんな土地は評価が低くなります！

高圧線・土壌汚染・地下埋蔵物が存在するなどをチェック

土地の評価については、国税庁が定めた、財産評価基本通達によって評価することが原則になっています。次に掲げる特殊要因がある土地については、さらに評価を下げることができる可能性があります。

・地積規模の大きな宅地（1000㎡以上）

・セットバックを必要とする土地

・著しい高低差がある土地

などいろいろあります。（次図参照）

路線価以外の評価方法で申告した場合には、まずは、税務署に否認された場合を想定して、安全な路線価による評価方法で申告します。その後一年以内に鑑定評価等を作成して、更正の請求（申告期限後1年以内）を行います。更正の請求とは、払いすぎた税金を返してもらうということです。もし、否認された場合には、加算税や延滞税等がかなりの金額になるために対策しておきます。

①地積規模の大きな宅地（1000㎡以上）
②セットバックを必要とする土地
③著しい高低差がある土地
④地盤に甚だしい凸凹がある土地
⑤騒音・日照阻害・臭気・振動等周囲の住環境が悪い土地
⑥隣接地に獄（ウタキ）等がある土地
⑦空中に高圧線が通っている土地
⑧土壌が汚染されている土地
⑨都市計画道路や区画整理の予定のある土地
⑩土地を利用する際に文化財の試掘が必要な土地
⑪地下に埋蔵物や水路が通っている土地
⑫同じ敷地内で容積率が変わる土地
⑬建物の建築が難しく、通常の用途には使用できないと見込まれる土地
⑭いびつな形になっている土地
⑮道路に面していない土地
⑯土地の一部が私道・通路になっている土地
⑰すぐ隣に工場等がある土地
⑱間口が狭い土地（接道義務を満たしていない土地）
⑲課税地目・現況地目が間違っている
⑳非道路に路線価が設定されている
㉑その他、評価対象となる財産に「特有な事情」がある土地

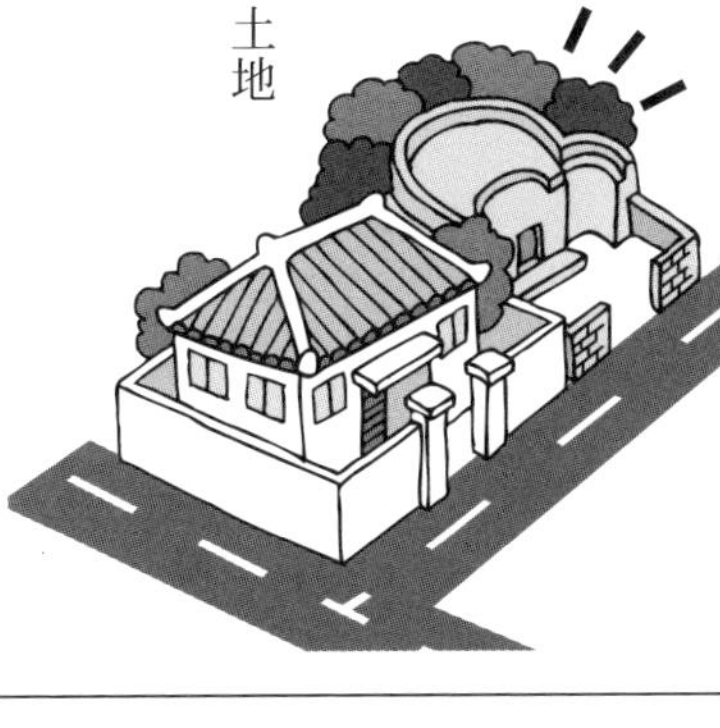

⑪ 同じ土地でも分割の仕方で相続税が安くなる！

土地を2つに以上に分割すると土地の評価が下がります

●土地の評価は地目ごとに評価します（地目ごと評価）

土地の評価は、宅地、田、畑、山林、原野、雑種地の地目の別に評価します。

地目ごとの評価の考え方は、相続開始時の現況で判断しますので、登記簿上の地目は関係ありません。

●利用の単位ごとに評価します（利用の単位ごと評価）

被相続人の利用を考え、次に相続または遺贈により取得した人の利用で取得者ごとに考えます。なお、筆と利用の単位は必ずしも一致せず、1筆の土地であっても、複数の利用単位があれば、各々別に評価します。

例えば、路線価方式による土地の評価では、土地が接する路線の数が多いほど評価額は高くなります。そこで、接する路線を減らしたり、一画地の宅地をうまく分割したりして土地の評価額を下げることができるのです。

また、土地を細かく分割するのではなく、地積規模の大きな土地として評価することができるように共有土地として遺産分割をし、地積規模の大きな土地としての相続税の申告を済ませ、その後に共有土地の分割をすれば最高65％の評価減をすることができます。

土地を２つ以上に分割すると評価が下がる？！

① 1人で相続

{25万円（路線価）×1.00（奥行価格補正率）
＋20万円（路線価）×1.00（奥行価格補正率）
×0.08（側方路線影響加算率）} ×600㎡（面積）
＝1億5,960万円

(普通商業併用住宅地)

評価額1億5,960万円

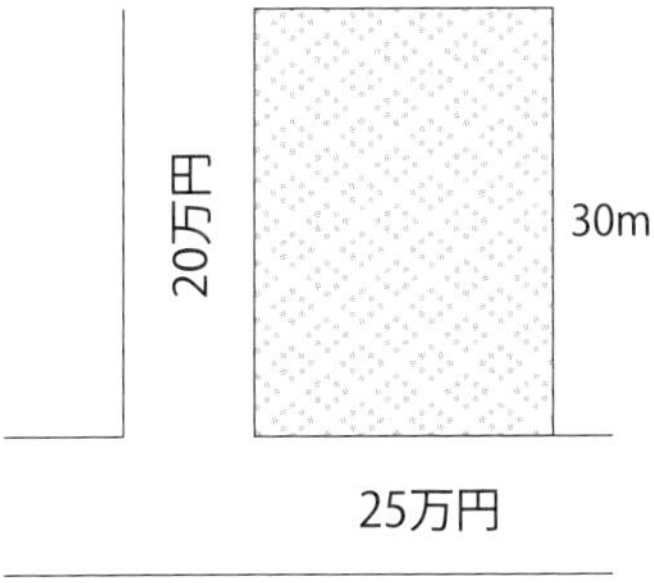

② A部分とB部分に分割して２人で相続

A部分＝20万円×1.00×300㎡＝
6,000万円
B部分＝{25万円×1.00＋20万円×1.00×0.08} ×300㎡＝7,980万円

A部分B部分を合わせた評価額
＝6,000万円＋7980万円
＝1億3,980万円

評価額1億3,980万円

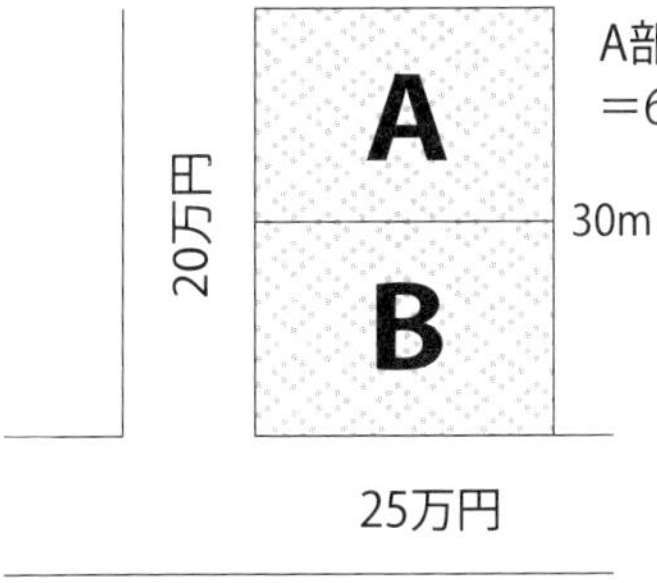

⑫ 持っている土地の評価額が80％割引になる！

「小規模宅地等の評価減の特例」の適用は節税対策になる

持っている土地が「小規模宅地等の評価減の特例」が適用できるか否かで相続税は大きく変わってきます。この特例が適用できれば、宅地の評価額が最大で80％割引になるからです。つまり、評価額5000万円の土地が1000万円の評価になるのですから、その節税効果はすごいものです。しかも、この特例は土地を持っているほとんどの人に適用されるので、次の点について確認しましょう。

①小規模宅地等の評価減の特例を受けられる土地がある
②50％割引になるのか、80％割引になるのか
③現状のままだと50％割引の場合、80％割引にするにはどうしたらいいか

しかし、この特例は遺産分割が終わってない、いわゆる未分割の場合には適用できません。ただし、相続税の申告期限後3年以内に分割がされた場合は、遡って適用を受け相続税を還付してもらうことができます。また、「特定同族会社事業用宅地等の評価減の特例」の適用について、社長が自分の会社に無償で土地を貸している場合、この土地は事業用とは言えず、この特例は全く受ける事ができませんので注意が必要です。

自分の会社に無償で土地や建物を貸付けた場合の特例適用は？

自分が主宰する同族会社に無償で土地や建物を貸した場合は、事業用とは言えません（賃料をもらっていないため）ので、「特定同族会社事業用宅地」には該当せず、また、その他の事業用宅地（貸付事業用宅地）にも該当しないので、小規模宅地の特例は全く受けられないことになりますので注意が必要です。

建物（同族会社）

土地（被相続人）

※同族会社に無償で土地貸し…×

建物（被相続人）

土地（被相続人）

※同族会社に無償で建物貸し…×

⑬ 遊休地を有効利用すると相続税が下がる！

賃貸アパート等を建設し、相続税評価額を下げよう

固定資産税を節税しようと遊休地に賃貸アパート等を建てることがあります。更地のままだと相続税評価額も高くなり何の減額もできません。しかし、賃貸アパート等の敷地（貸家建付地といいます）は、建物を借りている借家人の権利を考慮して減額することができます。

賃貸アパート等の敷地（貸家建付地）の評価は次図のようになり、評価額が下がります。

また、賃貸物件の建っている宅地は事業用の宅地なので、「小規模宅地等の評価減の特例」が適用できます。賃貸物件の一部が被相続人の居住用であれば、「特定居住用等の評価減」を適用することもできます。このように、賃貸アパートを建てることにより、その敷地の評価額が下がり、かなりの節税効果を期待することができます。

このように賃貸アパート等の建築は、遊休地からの収益を生み出し、さらに相続対策からも有効な方法と言えます。しかし、賃貸アパート事業は、その収益と資金繰り（キャッシュフロー）がきちんと組めることが大前提となります。つまり、遊休地における賃貸アパート建築の良否は、全体的な相続対策として、守る土地、有効利用する土地、いざとなったら処分する土地といっ

貸家建付地の評価額 ＝ その宅地の更地価額 －（その宅地の更地価額 × 借地権割合 × 借家権割合）

＊　借地権割合は税務署に備えてある路線価図又は評価倍率表に載っています。借家権は30％です。

それでは、具体的に評価額がどのくらい違うのか事例でみてみましょう。

【事 例】

土地の単価：100万円／㎡　借地権割合：40％

土地の面積：300㎡

① 駐車場にする場合の評価額

100万円×300㎡＝3億円

② 貸しビルを建てる場合の評価額

100万円×300㎡－（100万円×300㎡×40％×30％）

＝2億6,400万円

③ ①－②＝3,600万円

ご覧のとおり3,600万円もの評価額を減額することができます。

たものをよく吟味し、事業計画や相続財産全体の資産構成を考えて判断すべきだと思います。

14

相続した土地を売るなら3年以内にしよう！

相続税の取得費加算の特例とは？

相続税の納税資金をつくるために、相続した土地を売るケースはよくあります。通常、相続した土地を1億円で売却すると、税率20％（所得税・住民税）で2000万円の「譲渡税」が課税されます。しかし、納税者の心証は、相続税を払った上に、土地売却時に譲渡税を払うのではたまったものではありません。そこで、相続税では、このような「二重課税」を防ぐために「相続税の取得費加算の特例」があります。この特例を使えるのは、相続税の申告期限の翌日から3年以内です。1日でも過ぎると適用できません。相続税の申告期限は被相続人が死亡してから10カ月後です。つまり、土地の売却期限は、死亡後3年10カ月となります。

この特例を適用するためには、次の要件が必要になります。

①相続や遺贈により土地や建物を取得したこと

②その土地や建物に相続税が課税されていること

③土地や建物を申告期限の翌日以降3年を経過する日までに譲渡していること

例えば、相続した土地を１億円で売った場合、５０００万円の相続税を支払っていると仮定すると、売却額１億円から支払った相続税５０００万円と売却額の５％分５００万円を差し引いた４５００万円に対してのみ譲渡税がかかることになります。一方でこの特例を適用しない場合、売買額の９５％である９５００万円に対して譲渡税がかかることになります。ですから、土地を売るつもりであれば、必ず３年以内に売るのが得策です。

適用要件

相続した土地を相続税の申告期限の翌日から３年以内に売却する

↓ **適用すると**

売却益が少なくなるので譲渡税が安くなる

例　相続した土地の売却額１億円、土地に対して支払った相続税 5000 万円の場合

① 特例を適用しないと、売却益の５％しか取得費として認められない

１億円－500万円（取得費５％）＝9500万円（売却益）

↑
売却益に譲渡税が課せられる
↓

② 特例を適用する

１億円－5000万円（相続税）－500万円（取得費）

＝4500万円（売却益）

③ 売却益が5000万円少なくなる

【経費として認められる相続税の計算方法】

その相続人が支払った相続税額 × 取得した土地全てに対する相続税評価額 ／ その相続人の取得した相続財産の相続税評価額の合計

⑮ 高く売れない土地は物納しよう！

「物納」したほうが得なことがあります

物納とは、相続税を現金で納付するかわりに、有価証券や不動産といった現金以外の資産で納付する方法です。分割で現金を納付する「延納」が難しい場合に、認められる方法です。

昨今は、不動産相場が停滞していて、相続した土地を売ろうとしても相続税評価額より低い価格でしか売買できないことも少なくありません。

物納した財産は相続税評価額で収納してもらえるので、結果として、その財産を売却するよりも高い価格で処分することができるのです。

これも、「延納」と同じく、その申請期限は被相続人の死亡を知った日から10カ月以内という期限があります。物納申請書や必要書類を税務署長に提出しなければなりません。また、相続税を納めるための売却であっても、相続した土地を売却すると所得税がかかりますが、物納してしまえば所得税はかかりません。

特に、沖縄に多い貸宅地の底地部分は、ぜひ物納したいものです。底地を売却しても相続税評価額よりもはるかに安い価格になるどころか、まず、買い手はいないと思っていいでしょう。

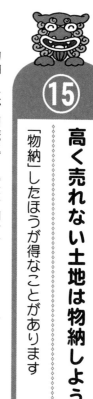

相続開始までに底地を処分した方が賢明です。以前、相続財産に占める底地割合が80％の人がいました。物納申請をしていなかったために、個人資産を手放し、相続税を納付したということです。

ただし、物納がみとめられるためには、「相続税を金銭で納付することが困難である」「その土地が物納として適格である」等の要件を満たす必要があるので注意して下さい。

◎延納でも金銭で納められない理由がある
◎金銭で納付することが困難である金額である
◎物納できる相続財産がある
◎期限内までに物納申請書を提出する

物納できない、しにくい財産

物納不適格財産
○抵当権が設定されている不動産
○境界が不明確な土地

物納劣後財産
○自宅または事業用に使っている土地（自用底地）
○接道条件を充足していない土地　等

物納対象外の財産に明記されてなければ物納ができます

16 自宅の改築やお墓・仏壇は生きている内に用意する！

相続税の節税のポイントは、相続財産を残さないで有効に使うことです

相続税の節税を考えたとき、「相続財産を残さない」「増やさない」もポイントの一つです。「増やさない」は、所得の分散です。貸家アパート等の生前贈与等を実行し、収入を相続人に移す、結果として、相続財産を増やさないことができます。「相続財産を残さない」は、できるだけ生前に有効に使うことです。その方法の一つが、自宅の改造です。例えば、内外装・水回り等々の改造費用１０００万円を掛けたとしますと、相続時には現金は額面通り１０００万円と評価されますが、改装費用は建物の一部になります。建物は固定資産税評価額で評価されます。改装場所によっては若干固定資産税評価額が上がるかもしれませんが、確実に相続財産（現金等）が減ります。

また、お墓やトートーメー（仏壇）は、相続財産として、相続税の課税対象にはなりません。逆に、相続開始後にお墓や仏壇を購入しても、その費用を相続税の債務として控除することができません。

そこで、生前からお墓や仏壇を購入しておけば、その分相続財産が減ることになり、相続税

の節税につながります。しかし、あまりにも豪華なものは投資目的と見なされることがあるので注意が必要です。

建築途中の家屋の未払金は債務になります。

＋1000万円の現金がある

固定資産税評価額1000万円の住宅

このままだと、
相続税評価額は2000万円

1000万円の現金を使って改築

固定資産税評価額
1400万円の住宅になる

相続税評価額は1400万円

相続財産が600万円下がります
改築は節税対策としても有効です

お墓や仏壇は生前に用意した方がお得！

お墓

仏壇

相続税の対象外！！
墓地や仏壇の購入は生前に！！

葬儀費用として控除できるものとは？

控除できる	控除できない
葬儀代全般	香典返しの費用
僧侶・寺院へのお布施	墓地の買い入れ、借り入れ費用
葬儀会場費用	仏壇、仏具などの購入代
通夜の飲食代	初七日法要費用（※）
遺体運搬費用など	四十九日法要費用
	医学上の理由などで行った 遺体解剖費用など

※告別式より後に別途行った場合

建築途中の家屋の評価について

被相続人が家屋の建築にかかる工事契約を締結し、その建築工事中に死亡した場合におけるその家屋の相続税評価額は、その家屋について、課税時期（死亡時）までにかかった建築費用の額（以下、費用原価という）に、70%を掛けて計算した金額により評価します。また、既に支払われた工事請負代金と費用原価との差額は、未払い金として債務に計上します。

建築途中の家屋評価額＝費用原価の額×70%
※未払い金は債務として控除できます。

⑰ 生命保険は対策の万能薬です！

生命保険加入は相続対策の基本の基本！

相続対策の究極の目的は、相続という人生の終焉を迎えた後も、相続人がその後の人生において、「安心」して生活を維持していけるように対策を練ることです。生命保険は死亡したとき、遺族の生活保障のためというイメージがあります。しかし、生命保険はそれだけでなく、相続対策のマルチ対応ができる「対策の万能薬」なのです。

相続対策には①相続税の節税対策②相続税の納税資金対策③相続争いの防止対策の３つがありますが、生命保険は、これら相続対策の３つのポイントに非常に都合よく対応することができるのです。

まず、生命保険の場合、５００万円に法定相続人の数を乗じた金額は、相続税がかからないことになっています。これを生命保険の非課税限度額といいます。

また、生命保険は相続税の納税資金のみならず、遺産争いを防止することもできます。生命保険は、遺産分割の対象外の財産であり、あらかじめ保険金を渡したい人に受取人を指定しておけば、遺留分に関係なく渡したい人に多めに財産を残すことが出来ます。また、相続財産が一つしかないような場合にも、自宅は長男に相続させる代わりに、生命保険の受取人は二男にしておくことで、後々の相続争いの防止につながります。

【生命保険金の3つのメリット】

① 節税対策になる
（500万円×法定相続人の数）までの金額が非課税になります。

② 遺産争いの防止になる
生命保険金は遺産分割協議の対象外です。

③ 納税資金としての確保に役立つ
相続財産の中に現金が少ない場合、受け取る生命保険金を相続税の納税資金に充てることができます。

生命保険の課税に注意！

被保険者	契約者	受取人	課税関係	課税対象額
父	父	母	相続税	保険金額ー（500万円×法定相続人の数）
父	母	子	贈与税	課税対象額
父	子	子	所得税＋住民税（一時所得）	（保険金額ー支払った保険料ー50万円×1/2）

いつ亡くなってもいいように、保険は終身の死亡保険がおすすめです

⑱ オーナー経営者は自社株対策をしないと危ない！

自社株は相続財産のなかでも高額になるので生前に対策しましょう

オーナー経営者は、経営者自身が会社の株式のほとんどを所有しているケースが大半です。この経営者が持っている株式（自社株といいます）についても相続税の対象となります。しかし、沖縄県内におけるオーナー経営者は、自社株式の相続税評価額を正確に算出していない会社が多く目立ちます。自社株の相続税対策を怠ると、自社株に対して莫大な相続税がかかってしまいます。

つまり、自社株には換金性がまったくないにもかかわらず、莫大な相続税がかかることになり、まず、事業後継者は相続税の納税資金問題が発生します。また、多額な株式（自社株）財産と他の相続財産との価額のバランスの相違により、相続人による遺産分割の問題も起こるケースが多々あります。

生前中に株式を事業承継者に移そうとすると、相続税よりも高額な「贈与税」の負担が受贈者に生じます。

オーナー経営者は、個人財産のほとんどを会社につぎ込み、個人名義の財産は自宅のみという経営者も多くいるでしょう。このような場合に自社株対策をしていないと、多額な相続税が課されても納税資金がないという状態になってしまい会社経営にも影響が出てきます。そこで、次ページから自社株式の相続税対策についてみていきます。

◎自主株の相続税評価額は高額
◎自社株は換金することができない

↓

高い相続税はとられるが、売って納税資金にもできない

オーナー経営者は自社株対策をしないと大変なことになる

19 自社株対策をしよう！①（純資産価額方式の場合）

会社の純資産額を少なくすることで評価額が下がります

純資産価額方式は、会社の持つ純資産額を基にして自社株の株価を評価する方法です。従って、純資産が多くなると評価額が高くなります。

つまり、評価額を下げるには、純資産額を少なくすればいいのです。

具体的には、次のような方法をとれば、純資産額は少なくなります。

①借入金で賃貸不動産を取得する

賃貸用の不動産ですから、土地については貸家建付地として評価減、建物については貸家としての評価減の適用があるために、株価の切り下げ効果があります。ただし、不動産取得後3年経過後の効果となります。

②含み損のある土地等の資産を売却する

会社が所有する不動産等で購入した価額（簿価）より時価が値下がりして、含み損が生じているときは、その不動産を関係会社に売却して譲渡損失を計上し、利益を小さくする。

③不良債権等は全て償却する

貸倒損失を積極的に活用し、利益を小さくする。

④役員の生前退職金を支給する

オーナー経営者の退職金は多額な支給額になりますから、利益は大幅に減額され株価も大きく低下することになります。

節税のポイント

◎ 借入金で不動産を取得する
◎ 不良債権は全て償却する
◎ 役員退職金を支給する　など

20 自社株対策をしよう！② （類似業種比準価額方式の場合）

配当金額・利益金額・純資産価額を下げます

類似業種比準価額方式の特徴は、類似業種の上場会社と、評価会社の1株（50円額面換算）当たりの配当金額、年利益金額、純資産価額の平均額に、評価会社のそれぞれを比準して、類似業種の株式の市場価格をもとに評価額を算定する方法です。ここでいう「業種」とは、原則として評価会社の取引価額の50％以上を占める業種（主たる事業という）をいいます。

役員退職金の支給や不良債権等の償却（貸倒損失の計上）等で、評価会社の純資産価額を低くしたり、収益部門の分社化（会社の再編）などをしたりして、自社株対策を行い、評価会社の配当金額、利益金額、純資産価額の評価額を下げることができます。

また、この方式は上場会社の類似業種の株価と比準されて、類似業種比準価額による株価が計算されますから、会社の業績等が同じであっても、業種が異なれば株価に大きな差が生ずることになります。

従って、会社合併や会社分割により、株価が低い業種に「業種変更」出来ればよいのでしょうが、日本経済の動向によって、評価会社の業績等に関係なく、類似業種比準価額の株価は、高くなったり、安くなったりする性質を持っています。ですから、株価の評価額が安いときに事業承継者に贈与や譲渡をすることが、節税対策として有効になります。

$$\text{類似業種の株価} \times \frac{\dfrac{\text{当・配当}}{\text{類・配当}} + \dfrac{\text{当・利益}}{\text{類・利益}} + \dfrac{\text{当・純資産}}{\text{類・純資産}}}{3} \times 0.7^{※}$$

類…類似会社のもの（国税庁発表）
当…当社のもの

※:「0.7」は、中会社に該当する場合は「0.6」、小会社に該当する場合は「0.5」となります。

節税のポイント

◎ 収益部門の分社化　◎ 役員退職金を支給
◎ 業績が悪いときに贈与するなど
◎ 不良債権等の処理

21 自社株対策をしよう！③（株価を下げて生前贈与）

配当金・利益金額・簿価純資産を下げること

●会社の株価計算の仕組み

実際の株価の評価は、原則として、会社の業績や資産の内容を株価に反映させる原則的評価方法の「類似業種比準価額方式」または「純資産価額方式」であり、この二つの「併用方式」になります。

もう一つは、少数株主でほとんど配当を受ける権利のみの株主で、持っている株価が計算される「配当還元価額方式」があります。

●株価を下げて、後継者に株を生前贈与する

類似業種比準価額方式は、配当金を下げる・利益金額を下げる・簿価純資産を下げる、でした。配当金を2年間だけ無配にすることによって、比準要素をゼロにすることができます。また、純資産価額方式は、相続税評価を行った純資産を減らす対策と、従業員持株会などの第三者割当増資等が考えられます。高収益部門の分社化や親会社と子会社を逆転させる株式交換等を実施して株価を引き下げることもできます。また、従業員数が70人以上いるかも株価評価の

自社株対策・利益を計画的に小さくする方法

重要なポイントです。

従って、オーナー経営者の自社株対策の大部分は、株価を引き下げて、後継者に計画的に生前贈与する対策となります。

利益を計画的に小さくする方法は次表の通りです。

① 後継者の会社に高収益部門を事業譲渡して、利益を分散する。
② 損金性の高い生命保険を活用する。
③ 役員退職金を支給する。
④ オペレーティング・リースで健全な赤字を作る。
⑤ 営業部門を子会社へ分割し、本体会社を不動産等の管理会社にして、利益を分散する。
⑥ 兄弟で会社を分割し、利益を分散する。
⑦ 役員報酬を増額する。
⑧ 不良債権等の償却、含み損のある土地等の資産の売却、設備計画の償却資産の購入等を実施する。
⑨ 会社規模を変更して株価を下げる。
⑩ 親会社と子会社の株式交換……等々

22 自社への貸付金がある場合の対処法とは？

増資に充てる方法と債権放棄する方法があります

●経営者に対する「貸付金」と「借入金」の違いとは？

オーナー会社は、経営者個人名義の財産を担保に入れたり、会社の資金繰りが悪いと経営者自身が会社に個人資金を「催促なし」で貸し付けたりしているケースが多々あります。法人税法では、経営者に対する「貸付金」には、認定利息（受取利息という収益が発生します）が発生し、法人税が課税されますが、経営者からの「借入金」には利息を支払わなくてもいいことになっています。

経営者に対する「貸付金」は、相続税の計算上、債務控除の対象になり、「借入金」は経営者の貸付金として、相続財産として相続税の対象になります。

●借入金を残さない方法とは？

経営者からの「借入金」いわゆる、経営者の貸付金は、相続財産として相続税の課税対象になります。しかし、相続財産として残さず、相続税の節税と会社の財務体質の改善を図るために、次の2つの方法があります。

①この貸付金を現物出資にして資本に組入れる方法
会社の財務体質の改善を図ることができます
②この貸付金（債務）を放棄する方法
経営者が貸付金を放棄すると、会社側から見て、債務免除益が発生し、法人税の課税対象になります。この方法は会社の欠損金がある場合に使われます。

いずれの方法も、経営者の貸付金はなくなり、相続財産ではなくなります。

◎ 現物出資にして、資本に組み入れる

◎ 債権放棄する

自社への貸付金を残しておくと、
相続財産に貸付金が加算され、
相続税が高くなるので上記の方法で
貸付金を残さないようにします

23 事業承継・自社株対策の準備と実行とは？

対策の検討や準備は早目早目に！

●対策の準備と実行、完了には時間がかかる

事業承継と自社株対策の準備と実行及び完了までには、通常2年から4年を要するものと考えております。また、対策の内容によっては全てを完了するまでに5年以上または10年以上かかったケースもあります。

オーナー個人の財産状況、家族関係の調整、会社の決算書類の内容の検討・事業承継の方向付け、役員会または社員等の同意、会社分割や合併等では取引先、金融機関との打ち合わせ、税制上の適格要件の調整では3年～4年以上、自社株を暦年贈与すれば10年以上、納税資金準備の時間等、このように対策の内容によっては、要する時間はさまざまですから、対策の検討や準備は早目、早目が望まれます。

●後継者の次代経営者への育成期間としての活用

事業の承継は、単に経営者の交代とオーナーの株式対策のみではありません。後継者には、

真の経営者としての心構えを持たせなければなりません。この事業承継の完了には何年もかかりますから、この間、つねに経営問題について後継者と話合い、対策を進めながら、次代の経営者としての心構えを育成していくことをお奨めします。

●事業承継対策の社会的責任とは？

従来の事業承継は、一般的に事業承継者を息子達等の同族に限定して行われていました。現在の厳しい企業環境を乗り越えるためには、今まで以上の経営能力が要求されます。後継者が経営の舵取りを誤ると、会社の存続さえも危うい状況になることもあります。従って、事業承継者を息子達等の同族以外の従業員・第三者等に広く経営能力あるものを含めて事業承継を考えることが求められている時代でもあります。

また、事業承継対策と自社株対策は、単にオーナー一族や家族の生活安定のためだけではありません。後継者が承継する事業会社がオーナーの築いた優良な地盤をもとに順調に進展し、さらなる発展をしていくことは、従業員とその家族の生活を担っていることになります。また、取引先を含む商品や製品、技術を頼りにしている人達も含めれば膨大な数の人達の生活も担っているといえるでしょう。

このように考えますと、事業の承継問題と対策は、オーナー自身が会社の将来を真剣に熟慮して、「会社の存続」を第一とし、「事業と会社財産（株式）」の両方をいかに上手に次世代に承継させていくかを決定しなければならないことなのです。このことは、オーナー個人のことだけでなく、社会的な責任であると考えます。

××株式会社
納税資金

24 死んでからでも税金を安くできる！

死亡後の節税対策のポイントは、土地の評価額を抑えること！

相続税対策というのは、「亡くなるまでが相続税対策」だと思っている人が一般的だと思います。つまり、「生前対策だけが相続対策で、死んでしまってからの相続税対策は間に合わない」という世間の常識が既に出来上がっているということです。亡くなってしまったら、本当にもう何もできないのでしょうか？私たちは、多くの事例から「大丈夫・・間に合います」と言い切ることができます。被相続人が亡くなって相続が始まってからでも、節税のチャンスはたくさん転がっているのです。

亡くなってからでもできる節税は次の3つです。

①もめない対策（遺産分割の工夫）

どうやってスムーズに遺産分割を行うかということです。いきなり遺産分割協議書作成に入るのはトラブルにつながる可能性があります。配偶者の二次相続まで考慮するか、また家を継ぐ長男が不動産を相続し、ほかの相続人には現金を分けるという分割方法もあります。現金がないとき、不動産を取得した人がその不動産を売却し、それによって得た現金を分けるということもできます。いわゆる、遺産分割協議の方向性を認識し、協議を円滑に進めるための準備が必要です。当然、相続人の希望が一番に優先されますが、なるべく相続税が安くなるような分割を検討する必要があります。

②節税対策（相続評価額の工夫）

主に、土地の評価を適切に評価することによって、相続税を低く抑えることができます。どのような土地が評価減につながるかを実例を参考に、土地についての特殊要因を検討します。ときには、不動産鑑定士の鑑定評価額を適用する場合もあります。そして、現実に則した評価額であれば、税務署にも認められるということなのです。

③財源対策（納税資金の工夫）

相続税が確定した場合、原則として、納税は申告期限迄に現金払いすることとされています。けれども、まとまった金額を一度に支払えない場合も当然でてきます。そんなときは、延納での分割払いや、不動産などで納付する物納を検討します。物納については、さまざまな条件をクリアしなければなりませんので、手続きに大変時間がかかります。

このような手続きをしながら、土地等の売却を含めて、納税資金の準備に取りかかることになります。

❶ 遺産分割の工夫

親族が遺産分割でモメるトラブル

❸ 納税対策の工夫

相続税の納税負担に苦しむトラブル

❷ 相続評価額の工夫

①一次相続で相続した現預金を、早めに孫などに生前贈与をする
配偶者の資産を減らしすぎて、生活に支障がないように気をつける

②配偶者の資産を増加させない
一次相続では収入が発生する不動産や将来的に価値が上昇すると思われる株式等は配偶者以外の相続人が相続する

③小規模宅地等の特例が利用できる状況にする
子どもとの同居もしくは、同居に抵抗がある場合には二世帯住宅も検討する

④配偶者居住権を設定する
一次相続において配偶者へ居住権、子どもへ実家の所有権を相続させる

⑤生命保険を活用する
法定相続人の数 ×500 万円の非課税枠が設けられている

⑥こんな土地は評価が低くなります（P271 参照）

配偶者の二次相続まで考慮する場合の注意点（相続税の配偶者控除）

配偶者の課税価格が 1 億 6,000 万円まで、または課税価格が 1 億 6,000 万円を超えても法定相続分までなら、相続税はかかりません。

だからと言って…。相続税負担を回避する目的だけの、緊急避難的な「相続税の配偶者控除」の活用は、トラブルの元です。

ひとまず税金が
安くなるからと
言っても大丈夫
かしら？

◆一次相続で遺産分割が決まっているにもかかわらず、税金が安くなるために配偶者控除を使ってしまうと、二次相続でもめることが予想されます。
◆一次相続から年数が経過することで、相続人同士の家庭環境変化により、意見が異なってくることも念頭におきましょう。
◆親の介護や生活の面倒をみることや、費用負担等も考慮したほうが良いでしょう。
◆一次相続で税金を払っておけば、二次相続はもめずにすんだということもあります。
◆遺言書がある場合、それを尊重した遺産分割も大事です。

配偶者の二次相続までしっかり吟味しましょう！

第8章

実務で難解な土地評価の現状「解決策を検証」する

- 放っておけない沖縄の土地事情

8章

実務で難解な土地評価の現状「解決策を検証」する

現況地目・がけ地・割当土地・2項道路・地下埋設物・用悪水路とは

●相続税の土地評価における「現況地目」に要注意

相続税の土地評価においては、土地を①宅地②田③畑④山林⑤原野⑥牧場⑦池沼⑧鉱泉地⑨雑種地の9つの地目に区分し、それぞれの地目ごとに評価します。なお、地目の判定は、不動産登記事務取扱手続準則68条～第69条に準じて課税時期の現況によって判定をすることになっています。例えば、原野と山林を比較してみます。

原野とは「耕作の方法によらないで雑草、かん木類の育成する土地」となっています。「かん木類」とは「高さがほぼ人の背丈ほどで、幹があまり太くならず、根本付近から枝分かれしている低木のこと」と説明されています。

一方、山林とは「耕作の方法によらないで竹木の生育する土地」となっています。土地の地目が原野になるか山林になるかによって相続税評価額が非常に違ってきます。

参考になるのは沖縄県で作成されている「森林簿」です。森林簿とは、森林の所在地や所有者、面積や森林の種類、材積や成長量などを数年に一度現地を調査し、森林に関する情報を記載した台帳です。

過去に取り扱った沖縄の国税不服審判の「答弁書」の中に、固定資産税台帳の「現況地目」の引用された箇所を紹介します。「……土地が所在する地域の現況は雑木の生い茂った雑草及び雑木の生い茂った地域であることから、地目を原野として判定することになる……」しかし、

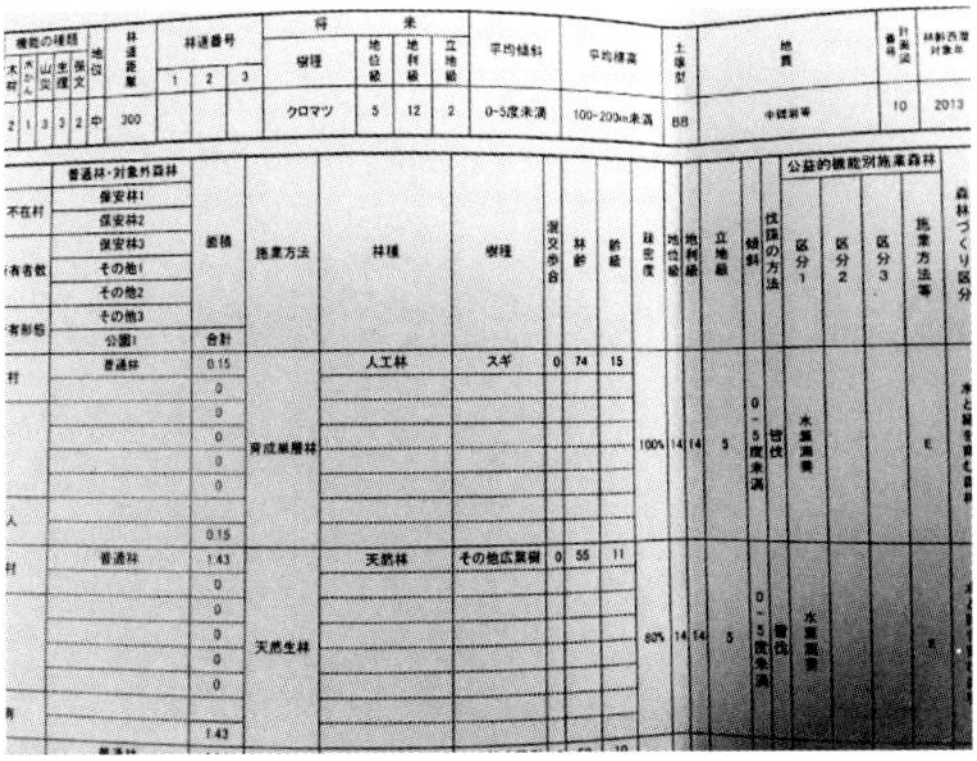

森林簿

当地域の「森林簿」には「琉球松80本・樹齢……楠30本……と記載されている」まさしく山林であり、現況不一致の状態でした。当地の市職員へヒアリングをすると「固定資産税台帳の現況地目原野は、実際の状況に基づくものではなく、単なる習慣でしかない」「沖縄で山林があるのは名護など北部だと思います。固定資産税は安くしております……課税上問題はありません」と的を射ない返事が返ってきました。

問題にしているのは「地目表示」が法律によらない原野となっているために、過大な相続税評価になっていることが理解できてないようです。

対象不動産の相続税評価額を比較すると（沖縄市某土地の評価事例）

〇原野の場合　１５０、８１７、０７４円

〇山林の場合　３５、９７５、７３２円

この実例の沖縄の国税不服審判所の裁決は、固定資産税評価の現況地目「原野」と記載されているために現況「山林」は認められませんでした。土地家屋調査士の判断も「山林」だと断言している現況地目を、上告裁判ではどうなったかわかりませんが、納税者の都合で控訴断念となり残念な実例でした。

また、県内には多くの「既存不適格家屋」が存在しています。現在の建築基準法に不適格である既存の家屋のことを指しています。従って、そのままでは建て替えができません。戦後の混乱期に、既存不適格家屋の一部には、他人が不法に家屋を建築した土地もあり、地目（宅地）として固定資産税が課税されています。

那覇市内の某所にある「既存不適格家屋」は、台風で自然崩壊し、所有者も不明のまま瓦礫が散乱し放置されていました。もともと建築許可を受けずに建築された土地は家屋が撤去されると、宅地でなく「雑種地」に戻ることになります。市役所に課税地目変更を申し出たところ、地目が宅地から雑種地に変更されました。その結果、固定資産税評価額50％減額と、固定資産税５年間分の還付が実現しました。

課税地目を宅地から雑種地に変更するメリットは、固定資産税の評価減もありますが、雑種地から宅地に転用するための「多額な擁壁工事等」が控除できることです。造成費が多額になり、その宅地化する経済的メリットがあるかが評価のポイントとなります。

固定資産税評価証明書に記載されている「現況地目」をいかに実情に戻すかが解決の糸口になります。

●傾斜地（崖地）評価の傾斜角算出方法の疑問点

沖縄県の市街地には、一部が宅地で、一部ががけ地の状態で固定資産税等を課税されている土地が至る所に存在しています。ほとんど利用価値のないがけ地を含めて宅地比準方式で固定資産税等が課税され、高い相続税評価となっています。がけ地とは相続税の観点から言えば、斜面角度が30度以上の土地であると、国税不服審判所で結論が出ています。那覇市内の中にある30度を超える傾斜は、土砂崩れ防止のために木が生えている場合が多く、もはやがけ地のある宅地ではなく、宅地への転用が見込めない「純原野」として評価すべきだと思います。

「純原野」として評価するためには2つの要件のうちどちらかを満たす必要があります。

①急傾斜地であるため宅地造成が不可能である（傾斜角30度以上）

②宅地比準方式の評価が純原野・純山林評価を下回る（造成費が多額になり、宅地化する経

那覇市内には至る所に急傾斜地が存在している

済的メリットがない）

左図①の「純原野・純山林」で評価できれば、固定資産税・相続税評価額が大幅に減額できます。しかし、傾斜角30度以上の土地であると実証するための測定ハードルが高く、困難を極めています。

「**ここではない、間違えやすいので注意**」（太線の傾斜角度）を注目していただきたい。那覇市の某傾斜地にあてはめて傾斜角度を検証しました。（一部斜面になっている）

従って、税務上の傾斜角は図②の20度とされます。しかし、実際の擁壁工事は30度の傾斜地に工事をすることになります。評価対象土地は急

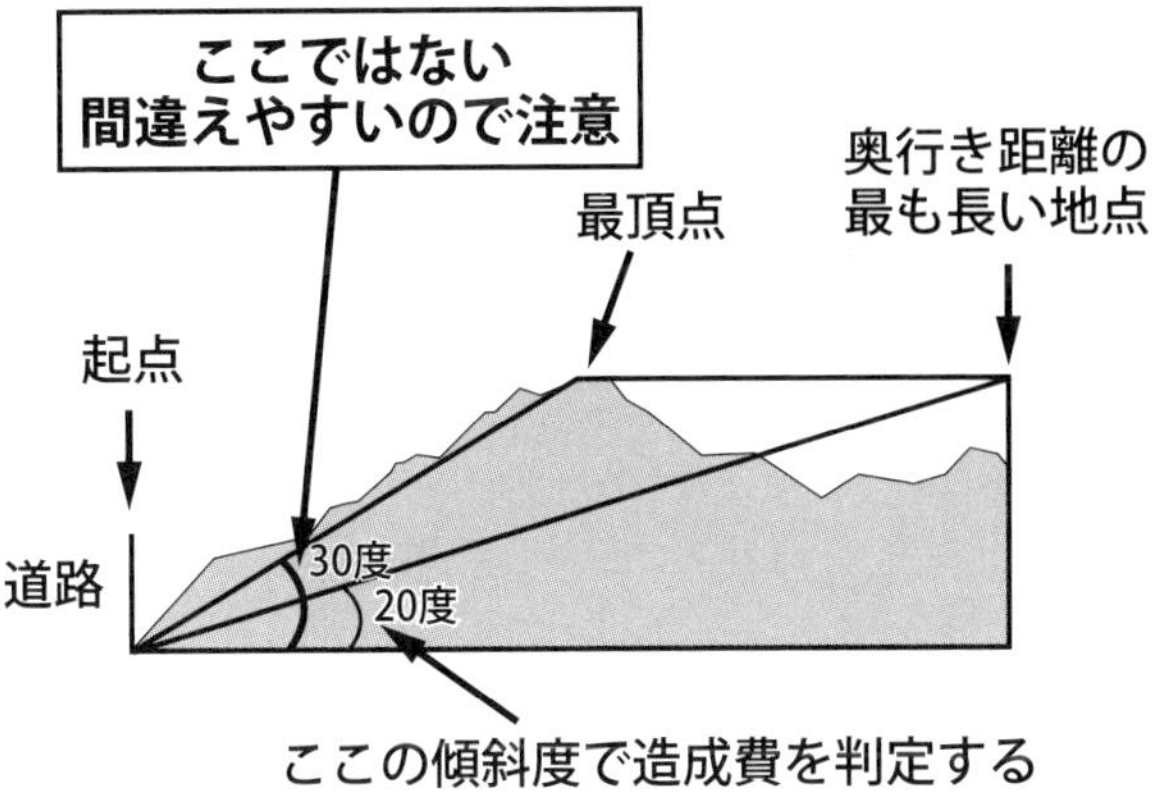
ここではない
間違えやすいので注意
奥行き距離の
最も長い地点
最頂点
起点
道路
30度
20度
ここの傾斜度で造成費を判定する

［図①］

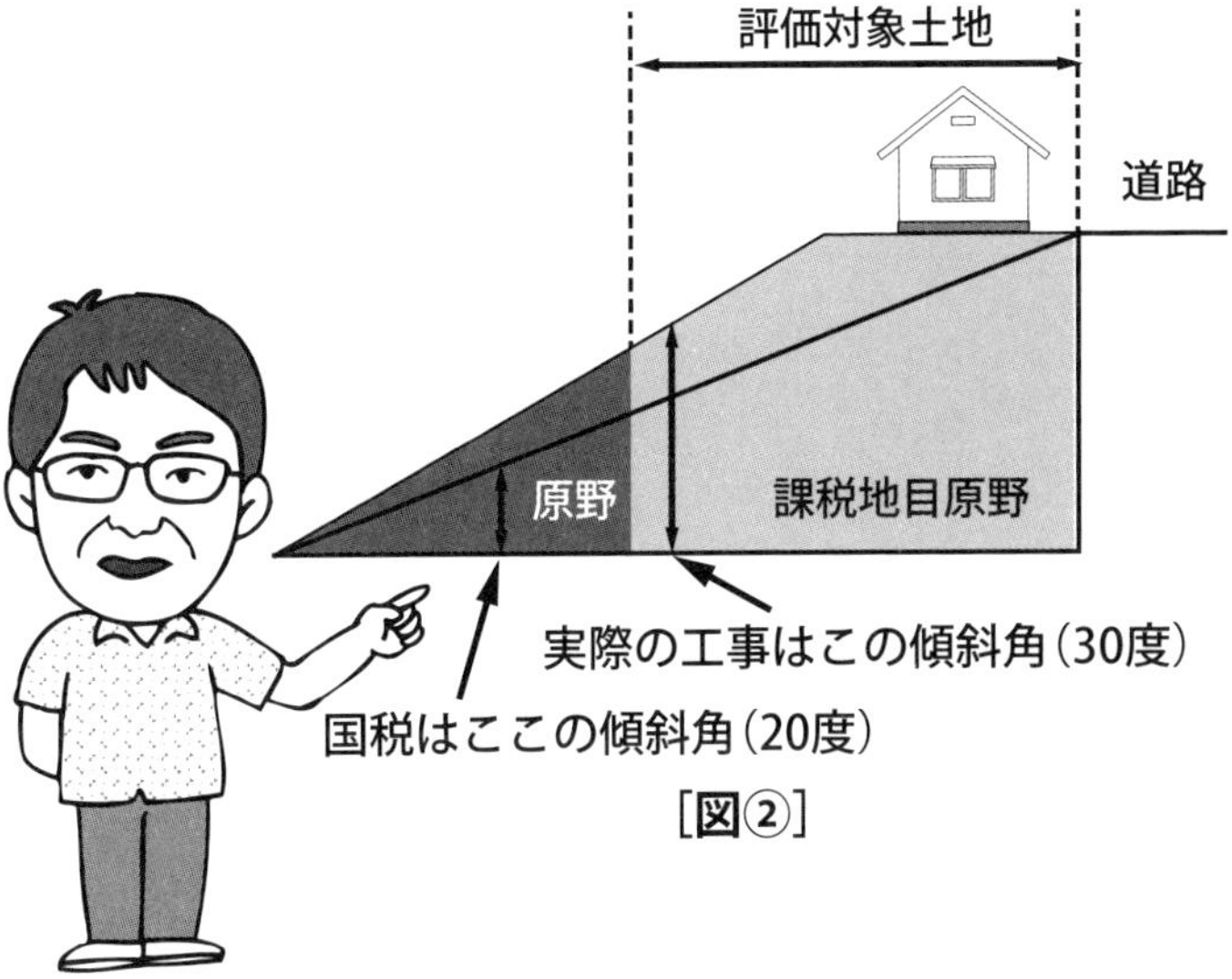
評価対象土地
道路
原野
課税地目原野
実際の工事はこの傾斜角（30度）
国税はここの傾斜角（20度）

［図②］

な傾斜地で軟弱であり、建築基準法によればその分擁壁も高く頑丈にしなければなりません。最終的に工事費の負担が多額になります。傾斜角度の算出は個別の土地の現況で検討すべきであると思います。**実務的には宅地造成見積書を添付し、不動産鑑定士等の専門家の意見を踏まえ、傾斜角度と経済的メリットの証明が解決の糸口になります。**

●米軍基地建設に伴って生じた2項道路の相続税評価について（建築基準法の2項道路とは）

建築基準法第42条2項に規定されている道路を「2項道路（みなし道路）」と呼んでいます。建設基準法の制定以降（1950年）、建物を建築するための道路幅要件（接道義務）として、4m以上の道路に2m以上の敷地が接道していることが条件になりました。しかし、戦後の割当土地や密集市街地に混乱の中で適用した「建築物法」の道路幅要件は1・8m以上から2・7m以上でした。従って、建築基準法の道路幅要件4m以上を適用すると、建築物法の道路要件では既存建物の再建築ができなくなり、建築基準法に不適格である「既存不適格家屋（老朽住宅）」が多く存在するに至りました。このような建築基準法の敷地要件を満たさない道路を「みなし道路・狭あい道路」と呼んでいます。しかし、行政は「みなし道路」に位置している「既存不適格家屋」の再建築を「セットバック」を条件に認める特例を設けました。このセットバックを条件に再建築ができる道路のことを「2項道路」と呼んでいます。2項道路は、県内各地の米軍基地周辺と過密住宅街、特に沖縄最大の市街地である那覇市内に多く存在しています。「みなし道路」地域は基盤未整理のまま住宅環境問題（緊急時、災害時、衛生管理等々）を引き起こし深刻な地域問題となっています。将来、地主の許可を得て、再建築ができるようにと建物所有者（割当人等）を救済し、道路を広げる余地を残そうとするあいまいな措置になっています。また、2項道路地域には「貸宅地」が多く存在している特徴もあります。本来は接道義務を果たしてない「無道路地」であるにも関わらず、行政は2項道路という土地所有者には相続税法上、不利な特例規定を職権で設け、高い相続税路線価や固定資産税路線価を設定しました。特に相続税路線価が隣接の公道と比べて高く、相続税が多額になるという悲劇が起こっています。2項道路に面している土地は、公道に面している土地と比べると住宅環境も悪く、建物所有者の高齢化、建築費の高騰から再建築の可能性も期待できない宅地となっています。このような利用価値の著しく低下している特別な事情がある2項道路の相続税評価方法を見直すべきだと思います。

（2項道路と割当土地制度・過密住宅街の関係）

終戦を迎えた沖縄の住民は、1945年以降、県内各地の「民間人（捕虜）収容所（約35万人）」

から旧居住区へ順次帰村しましたが、収容所に強制的に住民を隔離している間に、米軍は主のいなくなった広大な土地を、有無を言わさず基地建設のために強制接収していきました。自分の旧居住地に戻れない人々のために居住地として米軍と琉球政府が強制的に用意したのが「割当土地」です。また、戦後の復興及び急激な市街地化が進行した時期に、密集市街地に行き場のない多くの人口が狭い地域に流入し、住宅需要がひっ迫したために、琉球政府は住宅の確保が急務となり、当時の建築物法（道路幅員が狭い）での住宅建設を促進していきました。強制接収された基地面積は、沖縄本島の約20％を占め、平坦な住宅地や耕作地が広大に接収されたために、多くの住民が行き場を失いました。戦後の混乱期に米軍基地建設に伴って多くの住民が住宅地を失ったために、米軍統治の下で行われた応急的な土地・住宅政策が割当土地や過密住宅街の発生原因となり、多くの2項道路が米軍基地周辺や市街地に集中するようになりました。

（相続税法の時価とは）

相続税は、財産評価基本通達による評価が必ずしもその財産の「時価」を反映していない場合には、この通達によらない評価方法を認めています。しかしながら、通達によらない「著しく不適当と認められる」場合の具体的な内容や事例が示されていないために、さまざまな解釈の余地を残しています。判決では「特別な事情がある場合」と判示されています。

2項道路の路線価が高すぎる

セットバックを条件に建物の再建築が可能とした。現状は建築基準法上の道路条件に不適格な無道路地である

相続税法第22条では、相続における評価額は「時価」によって判断するということが明記されています。私たちの時価の概念は、不特定多数の第三者間で通常成立する価額、「客観的交換価値・市場価額」が時価であると認識されています。しかし、相続税法の相続財産の価額については「当該財産の取得の時における時価」によるとしか規定していないことから、ここでいう「時価」とは何かが問題となるのです。現在の相続税の課税実務では、相続税法22条の「時価」の解釈は、財産評価基本通達に委ねられており、納税者は実質的には評価通達に拘束されているのが現状であると言えます。

しかし同時に、評価通達6項には「この通達の定めによって評価することが著しく不適当と認められる財産の価額は、国税庁長官の指示を受けて評価する」としています。6項は、評価通達に定められた評価方法を画一的に適用した場合には、適正な時価評価が求められず、その評価額が不適切なものとなり、著しく課税の評価の公平性を欠く事態が生じた場合に、個々の財産の個別事情に応じた適正な時価評価が行えるように措置されています。また、路線価等を公示価格の水準の8割とすることなどの評価の安全性等に配慮されている特徴もあります。

従って、課税の公平性を補うためにも6項の規定があるわけですが、「国税庁長官の指示により」とされており、この指示の方法などはどこにも定められていません。判決では、課税実務上は、納税者間の公平、納税者の便宜、徴税費用の節税という見地から、相続財産の評価の

那覇市与儀付近の２項道路

一般的基準が評価通達によって定められ、そこで定められた評価方式が合理的なものである限り、評価通達によって評価された評価額は「時価」であると判示しています。しかし、同時に「実質的な租税負担の公平を著しく害することが明らかな特別の事情がある場合には、他の合理的な時価の評価方法によることが許されると解するのが相当である」とされ、また他の判決では「評価額（不動産鑑定士等）に差があるだけでは、特段の事情とは言えない」とされています。あくまで、土地の個別事情・特殊事情が必要であるとされています。

（沖縄の2項道路の特殊事情）

このように建築基準法42条の「2項道路」が基地周辺や過密住宅街に集中しているのは、米軍基地建設を特殊事情とすることが直接的な原因となっています。このような全国でも類を見ない沖縄の歴史的経緯を踏まえ、2

項道路の適正な時価評価が行えるように、「路線価の見直し又は特例的評価方法」を検討し、財産評価基本通達6項の適用をするべきだと思います。時価の不平等を訴えるためには、売買事例（2項道路が隣接している敷地）を多く見つけることが最重要となります。特に貸宅地の場合の売買事例は入手が難しいのが実情です。これから各地でのセミナー活動を通じて売買事例の発掘をはじめていきます。**2項道路の相続税評価額を下げるためには、売買事例と特殊事情（歴史的経緯）の組み合わせが解決の糸口になります。**

●米軍基地返還跡地に眠る地下埋設物の相続税の取り扱い

沖縄県内で返還された米軍基地をめぐり、汚染土壌や地下埋設廃棄物などの除去費用が膨大になっているそうです。しかし、相続した土地に産業廃棄物等が埋まっている場合や多量の有害物に汚染されている土地の除去費用の相続税評価は難しいのが現状です。国税庁の見解によると「土壌汚染が無いものとした場合の評価額から浄化・改善費用の80％相当額等を控除する」評価方法が示されているだけです。地下埋設物がある土地の評価減については、まずは、産業廃棄物等の地下埋設物が確実に埋まっていることが必要であるとされています。日米地位協定では「米国が返還地の基地の原状回復や補償の義務は負わない」ことが明確に規定された裏付けなのか、基地内に埋められた（当時の軍雇用者の証言）巨大なブロック片や擁壁・鉄筋塊・有毒物質等が次々と見つかっています。しかし、地下埋設物が存在するだけでは、相続税評価額が減額されるわけではありません。相続税評価額を減額するためには。その瓦礫等の撤去費用を納税者に見積もりなさいというのが国税庁の見解です。そして、控除要件として①対象不動産に建物を建築すること②当該不動産を第三者に売却する場合（損害賠償の恐れがある）と限定されています。

米軍基地の地下埋設物は、地歴調査（沖縄防衛施設局で情報開示しています）を行い、地下埋設物があると推定される場合、試掘調査やボーリング調査・地中レーダ探査を実施することになります。しかし、実務的には調査費用が多額になり、現在は探査技術も十分ではなく、撤去費用を具体的に算出・見積もるのは容易ではありません。沖縄県各地に広がる米軍基地跡、日米地位協定で原状回復しないまま解放され、地中深く埋め隠された瓦礫や有毒物質が放置されている土地が多々存在するのが新聞紙上で取り上げられています。撤去費用の算出額を納税者に求めることは多額の調査費用がかかり、現実的ではなく無理があります。

沖縄県で近年、米軍基地周辺の河川や湧き水から高濃度の有害物質が検出され、住民の採血調査で全国平均の92～96倍の有機フッ素化合物が検出されています。これらの有害物質は、米軍基地が感染源だと指摘されていますが、原因を突き止めるための基地内の調査は、基地の管理権を米軍に認めた日米地位協定が壁になって実現していません。相続税法は「利用価値が著しく低下している宅地」に対して、対応する面積に10%を乗じて計算した金額の控除を限定的に認めています。地下水から、住民の採血から、飲料水から基準値をはるかに超える有害物質が検出されています。基地周辺の汚染された土地の評価額は、10%控除で収まるはずはありません。米軍基地から派生した地下埋設物、有害物質が眠っている当該土地の相続税評価額は、基本通達6項を適用し特例的評価方法を採用すべきであると思います。**米軍基地跡の地下埋蔵物等は、米軍基地との因果関係を調査・証明することが、解決の糸口になります（沖縄防衛施設局の基地情報・沖縄県の米軍基地環境カルテ等）。**

●2項道路に多い「用悪水路」の取り扱い

用悪水路とは、家庭用排水路、工場用排水路に現況地目として使われている土地地目のことです。この用悪水路は、地役権が発生し、単純に地目変更すれば消滅するものではありません。消滅させるためには、地役権者の同意が必要になります。従って、用悪水路は法外公共地（国の土地、みんなの土地）に該当し、私道の取り扱いと同じで、固定資産税評価及び相続税評価などは存在しません。

県内の2項道路を流れている用悪水路に、固定資産税が課税されている現状が多々存在しています。固定資産税評価証明書を確認の上、**用悪水路が土地面積に含まれていれば、管理者で**

ある市町村役場に課税地目の訂正を求めることができます。

用悪水路

●路線価評価に風穴をあけた「貸宅地割合」

貸宅地の評価については、底地と借地を足して1(自用地価額)とする「借地権控除方式」が原則であり、国税庁が頑なに守ってきた原則ですが、平成17年に沖縄県の一部地域(転借権付住宅として分譲された地域)に突如として明らかになった例外的な特別地域に適用される貸宅地の評価方法です。指定された沖縄県の一部地域の貸宅地の評価は、自用地価額に貸宅地割合を乗じて計算した金額でいいことになり、評価通達上も「借地権控除方式」に風穴があけられることになりました。この地域は実務家の間でも原則評価方法(借地権控除方式)が、土地価額の実態と乖離していると批判もありましたが、国税庁が固守してきたものです。本書において「2項道路」の路線価が高いことを、米軍基地建設の歴史的背景を踏まえて申し上げてきました。「割当土地」「市街地周辺のみなし道路」「転借権付住宅地域(三層構造の貸宅地)」は戦後復興の特殊事情の延長線上にあり、行政の都市開発に支障をきたし、地主と借地人も対立する地域となっています。まさに、土地価額の実態が原則的評価方法(借地権控除方式)と「乖離」する「特別な」地域となっています。これらの地域にも「貸宅地割合」を適用すべきだと思います。

あとがきに代えて

税理士を開業して40数年が経ちました。これまで様々な相続案件に直面しましたが、その中でも沖縄の複雑な土地事情はかなり難解です。複雑が故に当局と相続税評価を巡って議論しますが、税法・通達と、社会通念上の常識の狭間で不調に終わることも多々あります。

また、戦後70数年が過ぎても戦後処理がなかなか進まないのが「市街地周辺の土地環境の未整備」です。相続税の視点で税理士の立場から沖縄の土地事情を眺めると、このような未整備土地の相続税評価額（路線価）が過大で、税の大原則「公平性」がいまだに是正されたとは思えず、多額な相続税が課税されている実態があります。

本書で取り上げた「割当土地」「建築基準法第42条2項」「三層構造の貸宅地」「米軍基地跡の地下埋設物」等の問題は、すべてが米軍基地建設から派生した土地事情であり、私有地の強制接収という全国でも類をみない、沖縄県独特の特殊事情によるものです。これらの特殊事情が相続税の時価を算出するうえで障壁となっているにも関わらず、納税者の費用負担や時間の経過と共に立証することが困難となっています。けれど諦めずに地道に時価を立証するための情報収集や検証に取り組んでいます。この思いが本書を執筆する力にもなったのです。

改訂版として本書を出すにあたり、どうしてもこれらの事情を紐解き未来に向けて、「沖縄の人のために」繋がる本にしたいと思いました。しかし実際に書き終えてみると、更なる課題も見えてきました。そして書き足りないという思いもあります。こうして書いている一瞬の間にも新たな相続事案にぶつかるからです。

実務家としてこのせめぎ合いは当然かもしれません。沖縄独特の土地の特殊事情を踏まえた相続税評価額の公平性の是正と、沖縄の素晴らしい「家族愛と祖先を敬う気持ち」を映しだすような相続対策の実現に向け、日々努力していきたいと思います。

２０２３年７月

税理士法人ダイヤモンド経営　山内　竧

【著者紹介】

山内竫（やまうち　ただし）
1952 年 5 月、沖縄県読谷村生まれ。
琉球大学商学部卒業。
1981 年（昭和 56 年）税理士事務所開業。
1987 年日本事業承継コンサルタント協会加盟、1991 年医業経営コンサルタント資格取得、1991 年創造経営コンサルタント資格取得、2000 年株式公開コンサルタント取得、2004 年第二種証券取引外務員、2010 年政治資金監査人登録。1999 年（平成 11 年）関係会社の倒産により、数億円の負債を抱えて和議開始。それを時節と捉え、執筆活動を開始、2002 年「沖縄版・相続税の実際」・2007 年「沖縄版・相続税の実際（改訂版）」・2011 年「沖縄の人のための相続・贈与」・2014 年「相続でもめないためのエンディングノート」・2016 年「沖縄の人のための信託・相続」を出版。人生の失敗談と「沖縄の相続事情」の実例を交え、各地域での相続セミナー活動を展開中。

※本書の記載は、2023 年 4 月現在の法律・税法によっています。

改訂版
沖縄出身の税理士が書いた
ズバリ！沖縄の人のための
相続・贈与

定　　価	定価 1,650 円（本体 1,500 円＋税 10％）
初版第 1 刷	2023 年 8 月 28 日
著　　者	山内　竫
編　　集	小浜　涼子
発 行 者	株式会社キャリア総研
発 売 元	株式会社沖縄タイムス社
	〒 900-8678　沖縄県那覇市久茂地 2-2-2
	☎ 098-860-3591（出版コンテンツ部）
	https://www.okinawatimes.co.jp/
印　　刷	株式会社 東洋企画印刷

ISBN 978-4-87127-711-2　C2033 ¥1500E